침대부수기

게으른 완벽주의자를 위한 실행력 수업

MOMENTUM
침대 부수기

에번 카마이클 지음 | 이주만 옮김

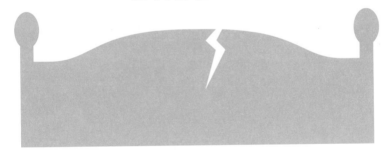

와이즈맵

추천사 1

브렌든 버처드
Brendon Burchard
세계 최고 자기계발 트레이너, 《백만장자 메신저》 저자

에번의 새 책 《침대 부수기》를 소개할 수 있어서 기쁘다. 자기계발 트레이너인 나는 무대에서 사람들과 대화를 나누며 많은 시간을 보낸다. 우리 모두 삶에서 무엇보다 중요한 게 실행력이라는 사실을 안다.

우리는 더 행복해지고 성장하길 바란다. 더 큰 부와 성공을 누리길 바란다. 그러려면 머리가 시키는 일에서 벗어나야 한다. 지금 당장 실행에 옮기는 생산적인 습관을 기르는 게 중요하다.

다른 사람들이 망설이며 기다리기만 할 때, 실행력을 발휘해 나아간다면 당신이 가장 먼저 목적지에 도착한다. 이 책은 굉장한 실행력을 일으킨다. 지금 당장 읽어보자!

《침대 부수기》와 에번 카마이클에게 쏟아진 찬사

잉크 매거진 선정
세계 100대
리더십 연사

포브스 선정
세계 40대
소셜 마케팅
전문가

잉크 매거진 선정
당신이 알아야 할
25대 소셜 미디어
전문가

"그가 하는 말에는 언제나 빛나는 진리가 숨어 있다."
브렌든 버처드Brendon Burchard

"그의 말을 따라가라. 성공에 이르는 길이 열릴 것이다!"
그랜트 카돈Grant Cardone_세일즈 트레이닝 전문 기업가,《10배의 법칙》저자

"당신의 삶에 무한한 가치를 더하고 싶다면 그의 이야기에 귀를 기울여라!"
토니 로빈스Tony Robbins_동기부여 연사 겸 변화심리학 권위자,《네 안에 잠든 거
인을 깨워라》저자

"에번 카마이클이 막대한 지식을 섭렵한 끝에 찾아낸 진리가 이 안에 있
다. 그야말로 끝없는 실행력을 일으키는 책이다!"
게리 바이너척Gary Vaynerchuk_베이너엑스 회장,《플랫폼을 지배하는 조회수의
법칙》저자

"에번 카마이클은 스스로 만든 규칙과 전략으로 뛰어난 성과를 낸다. 그는 끊임없이 배우고 성장한다. 학생의 마음가짐으로 열정을 갖고 배움을 즐긴 끝에 수많은 성공을 거둔다. 그가 일하는 방법과 그 우수성을 생각하면 부러울 뿐이다."

멜 로빈스Mel Robbins_CNN 법률분석가 겸 진행자,《5초의 법칙》저자

"에번 카마이클은 우리의 잠재력을 일깨우고 스스로 정한 한계 너머를 바라보게 한다. 그를 따라가면 환경과 장벽을 극복하고 다른 세상으로 나아가게 된다."

레스 브라운Les Brown_동기부여 연사 겸 전직 오하이오주 하원의원

"자기계발 분야에서 역사상 가장 큰 영향을 미친 이는 나폴레온 힐이고, 에번 카마이클은 그 후계자다."

에드 마일렛Ed Mylett_포브스 선정 50세 이하 최고 부자 50인,《'한 번 더'의 힘》 저자

"에번 카마이클은 성공하는 비법을 깨우치고 누구보다 훌륭하게 써냈다."

가브리엘 번스타인Gabrielle Bernstein_세계적 강연가 겸 베스트셀러 작가

"에번 카마이클은 누구보다 뛰어난 인물이고, 나는 그가 하는 일을 전적으로 지지한다."

케빈 오리어리Kevin O'Leary_캐나다 방송인 겸 기업인

"에번 카마이클은 '믿음'을 탐구하고 사람들이 자신의 잠재력을 믿도록 돕는다. 이것이야말로 그가 가장 중요하게 여기는 사명이다."
마리 폴레오Marie Forleo_미국 기업가, 《믿음의 마법》 저자

"에번 카마이클의 채널에서 내가 출연한 방송을 봐라. 진짜 끝내줄 거다."
피프티 센트50 Cent_래퍼 겸 배우

"에번 카마이클은 누구보다 탁월한 콘텐츠 제작자다. 나는 항상 그의 행보를 따른다."
톰 빌리유Tom Bilyeu_440만 유튜버

"에번 카마이클은 정말 멋진 인물이자 우리가 아끼는 친구다. 무대에서 내려오면 우리는 막역한 친구 사이가 된다. 톰과 나는 항상 그에 관한 이야기를 나눈다."
리사 빌리유Lisa Bilyeu_440만 유튜버

"에번 카마이클과의 만남은 시간 가는 줄 모르는 즐거운 경험이었다."
매튜 맥커너히Matthew McConaughey_할리우드 배우, 《그린라이트》 저자

"세계 각국 전도유망한 리더들이 그의 조언에 귀를 기울인다. 그는 사람들이 자신의 잠재력을 믿도록 영감을 준다."
제이미 컨 리마Jamie Kern Lima_미국 기업가, 《빌리브 잇》 저자

"세상에는 에번 카마이클 같은 사람이 더 필요하다. 그는 수백만 명이 포기하지 않고 꿈을 추구하도록 끝없는 실행력을 일으킨다."
패트릭 벳-데이비드Patrick Bet-David_밸류테인먼트 CEO,《열두 개의 성공 블록》 저자

"에번을 볼 때마다 영감을 얻는다. 그는 장벽에 가로막혀도 그 장애물을 뚫고 목표를 이루겠다는 의욕을 불러일으킨다!"
루이스 하우즈Lewis Howes_미국 남자 핸드볼 국가대표 겸 백악관 선정 30세 미만 미국 100대 기업가,《그레이트 마인드셋》 저자

"에번 카마이클 덕에 콘텐츠를 만들기로 마음먹고 용기를 낼 수 있었다."
알렉스 호르모지Alex Hormozi_미국 기업가 겸 투자자

"나는 전문가들을 관찰하고 그들이 뭘 알고 있는지 밝혀내고자 에번 카마이클에게 연락했다."
제임스 알투처James Altucher_월스트리트 저널리스트,《부자는 천천히 벌지 않는다》 저자

"에번은 대단한 일을 한다. 그리고 대단한 남자 뒤에는 더 대단한 여자가 있기 마련이다."
니나 카마이클Nina Carmichael_저자의 아내

키이라 폴슨
Keira Poulsen
자기계발 강연가 겸 베스트셀러 저자

모든 사람이 실행력이 붙는 순간을 바란다. 하지만 기업인들에게 실행력이란 사막 한가운데서 사람을 홀리는 오아시스의 신기루 같은 느낌이다. 모두가 입에 올리지만 실제로 그런 일을 겪은 사람은 없는 설화처럼 생각하는 이들도 있다. 그러나 실행력은 허상이 아니다. 실행력은 실재하는 힘이고 우리가 찾는 성공의 열쇠다.

하지만 어떻게 해야 황금처럼 빛나는 실행력의 강물에 뛰어들어 그 흐름을 탈 수 있을까? 어쩌다 한 번 찾아온다는 우주의 주기적 변화라든가 행운에 맡겨야 하는가? 에번이 쓴 책에서 가장 훌륭한 부분은 실행력을 얻는 데 필요한 전략을 구체적인 행동으로 제시했다는 점이다.

'이 책은 당신의 삶을 바꿔놓을 것이다.' 하지만 어디까지

나 선택의 문제다. 실행력은 핸드폰을 들여다보는 동안 우연히 생기는 게 아니다. 실행력은 행동에 따르는 부산물이다. 이 책은 살면서 실행력이 필요한 순간에 적용할 수 있는 '행동 방안'으로 가득하다.

이 책에서 에번이 알려주는 방법을 실천에 옮기느냐 마느냐는 당신이 선택할 일이다. 만약 실천한다면 마법 같은 일이 펼쳐질 것이다.

내가 그 사실을 아는 이유는, 이 책을 읽은 뒤 삶에서 실행력이 폭발하고 마법 같은 일이 벌어지는 걸 직접 확인했기 때문이다. 에번은 이해하기 쉬운 개념과 자신의 경험담으로 우리가 그토록 바라는 실행력을 일으키는 방법을 알려준다.

실행력이 가장 중요하다. 실행력은 사업, 건강, 행복을 비롯해 삶의 어느 영역에서든 당신이 다음 단계로 나아가게 해줄 것이다.

이 책은 당신의 삶을 바꿀 것이다. 이렇게 단언하는 이유는 이 책이 실제로 '내 삶을 바꿨기 때문'이다.

실행력을 주제로 한 책이 세상에 나오면 좋겠다는 아이디어를 떠올린 게 고작 8일 전이다. 그땐 가능성에 불과했다. 그런데 8일이 지나자 내 세계는 실행력으로 가득 찼고 삶은 더 나은 방향으로 변했다.

실행력이 생기면 삶이 변한다. 실행력은 마치 웜홀처럼, 당신을 그동안 갈망한 목적지로 데려간다. 이것은 당신이 실행력을 발휘할 때 펼쳐질 마법이다.

나는 8일 전 에번과 함께 인스타그램 생방송을 했다. 우리는 6주 전 지니어스 네트워크 행사에서 만났고, 에번이 나를 방송에 초대했다. 에번은 시청자들이 보는 가운데 책의 기운을 만나게 해달라고 부탁했다. 사람들 대다수는 이 표현이 낯설 것이다. 나는 나 자신을 책의 인도자라고 부른다. 누군가 책을 쓰기 전에 그 책의 기운을 보고 듣는 능력이 있기 때문이다. 인도자가 책의 기운이 나타나길 빌면 작가가 훨씬 더 빠르고 효과적으로 글을 쓰는 데 도움이 된다. 작가에게 책의 기운을 전해주면 글을 쓰지 못하게 방해하는 혼란이나 소음, 장애물에서 자유로워진다.

화요일 아침에 인스타그램 생방송에서 에번을 만났다. 우리가 함께 책의 기운을 만난 30분은 기쁨이 가득한 시간이었다. 내가 에번이 써야 할 책의 기운을 불러내자 마법이 일어났다. 그 책의 기운을 느끼자마자 웃음이 터져 나왔다. 에번의 책은 강력한 혜성처럼 뜨거운 기운을 내뿜으며 나타났다. 책은 엄청난 에너지와 기쁨으로 가득했다! 에번에게 책의 기운을 전해준 일은 특별한 경험이었다. 에번은 재능이 아주 많고, 자신의 책이 내뿜는 기운을 분명하게 보고 들을 줄 알았다. '실행력'을 다룬 이 책은 에번에게 모습을 드러냈다. 둘이서 이 책을 놓고 이야기하다, 책이 빨리 세상에 나오길 바란다고 느꼈다. 그래서 에번에게 8주 안에 책을 완성하는 게 어떠냐고 물었다!

에번은 그토록 짧은 시간에 책을 쓰라는 제안을 듣고 웃었지만, 그러겠다고 말했다. 우리는 그 후 닷새 동안 무슨 일이 벌어질지 전혀 몰랐다. 그때는 마냥 불가능해 보였던 일이 어떻게 진행됐는지 생각하면 웃음이 난다!

에번은 다음 날부터 책을 쓰면서 5일 동안 집필 현황을 알렸다. 그는 날마다 몇 단어를 썼는지 SNS에 올렸다. 단어 개수는 빠르게 늘어났다. 우리는 이 책이 예상한 8주보다 '훨씬 더' 빨리 완성되리라는 사실을 알았다! 에번은 첫날 쓴 원고를 내게 보냈고, 나는 그날 저녁 잠자리에 들기 전에 원고를 읽었다. 《침대 부수기》를 읽기 시작하자 심장이 요동쳤다. 나는 '크고 명료한' 목소리를 들었다. "에번에게 출판 계약을 제안해."

나는 프리덤하우스 출판사를 갖고 있었지만 이때까지 계약을 맺은 적은 한 번도 없었다. 그래서 이 생각이 떠올랐을 때 세차게 고개를 저었다. 온갖 두려움이 엄습했다. '어떻게 계약을 제안하지? 계약서가 어떻게 생겼지? 에번이 거절하면 어떡하지?' 그러다가 에번의 원고에서 막 읽은 '두근두근 테스트'가 떠올랐다. 지금이 바로 '두근두근 테스트'를 통과해야 하는 순간임을 깨달았다. 심장이 두근거리는 일이라면 곧바로 실행력을 발휘해 출판 계약을 제안해야 했다.

나는 잠들기 전에 자기 자신에게 말했다. '이 아이디어를 실행할 생각이야. 하지만 제안서는 제대로 준비해야지.' 나는 비서에게 완벽한 제안서를 써달라고 했다. 출판 계약 제안서는 흠이 없고 전문가다워야 했다. '그런 뒤에' 에번에게 그 완벽한 계약서를 보여줄 생각이었다.

일은 예상대로 흘러가지 않았다. 이튿날 다시 두려움이 엄습하자 전날 품은 의욕이 자취를 감췄다. 전날 밤에는 훌륭한 아이디어 같았는데 하루가 지나니 정신 나간 생각처럼 보였다. 계약을 제안하지 않는 게 좋겠다는 생각이 들었다. '내가 대체 무슨 생각을 한 거야?' 두려움이 실행력의 불씨를 꺼버렸다. 다행히 에번의 원고에는 내게 딱 맞는 지침이 있었다. 에번 역시 나와 비슷한 경험이 있다고 했다. 영감을 받은 다음 날 아이디어를 실행에 옮기려는 마음이 갑자기 사라진 적이 있다고 말이다. 하지만 에번과 나 사이엔 큰 차이가 있었다. 에번은 다시금 마음을 바꾸고 곧장 실행에 옮겼지만 나는 곧바로 움직이지 않았다. 영감과 실행 사이의 거리는 더욱 벌어졌다. 나는 의구심에 사로잡혀 하루를 보냈지만, 결국 이 책에서 에번에게 배운 대로 과감하게 실행하고자 마음먹었다.

이 책을 읽어나가면 "처음에는 형편없는 결과를 각오하라"라는 조언을 만날 것이다. 나는 서툴게 일하는 걸 싫어해서 이 조언을 받아들이기가 어려웠다. 꼭 처음 하는 일뿐만 아니라, 무슨 일을 하든 형편없는 결과를 내고 싶지 않다. 하지만 처음으로 출판 계약을 맺는 일이라면 실패할 가능성이 크다는 사실을 받아들였다. 이 일을 해 본 적도 없고 완벽한 제안서도 준비되지 않았다. 그렇지만 실행하기로 했다.

이 책의 출판 계약을 제안한 날, 어느 하나 완벽한 게 없었다. 나는 부스스한 머리로 잠옷 셔츠를 뒤집어 입고서 현관 계단에 앉아 에번에게 보낼 인스타그램 영상을 만들었다. 나는 그 영상에서 프리덤하우스 출판사와 계약을 맺지 않겠느냐고 제안했다. 조건이 어떻게 될지는 모르지만 최고의 계약일 거라고, 에번의 신작을 출판한다면 큰 영광이 되리라고 말했다. 나는 두려움과 불완전함을 받아들이고 생애 처음으로 출판 계약을 제안했다. 그것도 잠옷 차림을 하고는 인스타그램 영상으로 말이다.

나는 에번의 책에서 배운 원칙을 따랐다. '두근두근 테스트'를 실천한 뒤 내 가슴이 하는 말에 귀 기울였고, 완벽과는 거리가 멀지만 실행에 나섰다. 이 일은 내가 이 책을 읽으면서 일어난 많은 기적 가운데 하나다. 《침대 부수기》는 우리가 '해야 할 일'이 뭔지 알려주는 자기계발서이자 기업가 정신을 함양하는 교재일 뿐만 아니라, 성공에 이르는 길잡이기도 하다.

이 책에는 에번 자신의 경험에서 체득한 통찰력과 명료한 지침이 담겨 있다. 그의 조언은 당신이 실행력을 일으키면서 자기만의 모험을 헤쳐나가는 데 안내자가 돼줄 것이다. 이 책을 읽기로 마음먹었다면, 차원이 다른 성공으로 향하는 길에 들어선 것이다.

내 삶은 지난 8일간 완전히 바뀌었다. 이 책이 나를 속속들이 바꿨다. 장담컨대, 이 책은 당신의 삶도 바꿀 것이다. 나는 지난 지니어스 네트워크 행사에서 에번 카마이클 옆자리에 앉은 행운에 영원히 감사할 것이다. 이 만남으로 내 인생이 바뀌었다. 에번은 포기를 모르는 사람이고, 우리 삶에 수많은 기적을 일으키는 불씨가 될 것이다.

내가 당신에게 전하고 싶은 말은 과감히 뛰어들라는 것이다. 당신이 떠안은 두려움이 무엇이든, 그대로 받아들이고 하고픈 일에 뛰어들어라. 얼른 이 책을 읽길 바란다. 강한 실행력으로 태어난 이 책은 당신 안에서도 그만한 힘을 일으킬 것이다.

　이 책을 읽고 에번이 알려주는 지침대로 움직인다면 실행력이 일으키는 기적과 마법을 마음껏 누리는 새로운 삶을 만나게 될 것이다!

지금 당장 이불을 박차고 나와라!

실행력이란 '첫걸음을 내딛는 힘'이다. 우리가 놓친 건 첫걸음일 뿐이고, 그 한 걸음으로 모든 게 변한다. 발목을 붙잡는 침대를 부수고 지금 당장 움직여라.

우리는 산 정상에 오르는 방법에 지나치게 얽매여 있다. 원대한 목표는 불가능해 보이고, 산은 너무나 높고도 거대하다. 하지만 당신이 해야 할 일은 과감히 첫걸음을 내딛는 것뿐이다. 용기를 내 한 걸음만 나아간다면 꿈꾸던 사업을 지금 당장 시작할 수 있다. 매번 미루던 건강관리를 시작할 수 있다. 준비만 열심이던 운동을 시작할 수 있다. 지금 당장 자리에서 일어나라.

운동을 예로 들어보자. 당신은 건강을 위해 운동해야겠다고 마음먹는다. 그러려면 헬스장에 가야 한다. 어떤 헬스장에 가서 어떤 기구를 쓸까? 혼자서 운동할까, 트레이너에게 배울까? 벌써부터 생각이 너무 많다. 따뜻한 침대 속에 숨어서 생각해본들 아무 일도 일어나지 않는다. 운동을 시작하고 싶다면 지금 당장 자리를 박차고 일어나 팔굽혀펴기를 해라. 뭔가 계획을 세우거나 가까운 헬스장을 알아보는 대신 지금 당장 운동해라. 한두 번이라도 좋다. 지금 바로 자리에서 일어나라.

이러면 건강에 도움이 될까? 글쎄, 팔굽혀펴기 한두 번으로는 몸에 아무런 도움도 되지 않는다. 하지만 이렇게 적극적인 태도는 사고방식을 바꿔 지금 당장 실행하는 법을 가르쳐준다. 우리는 완벽한 계획을 세우는 데 집중하고 실수를 두려워하는 나머지 결국 아무것도 시도하지 않는다. 가장 중요한 건 계획을 멈추고, 생각을 멈추고, 완벽해지려고 애쓰길 멈추고, 첫걸음을 내딛는 것이다.

산 정상에 오르려면 침대에서 벗어나 첫걸음을 내딛어야만 한다. 놀라운 사명은 당신의 마음을 끌어당기고 자리에서 일으켜 세운다. 하지만 때론 목표가 너무 큰 탓에 아늑한 침대 속으로 도망치게 된다. 그러니 지금 당장 움직일 수 있는 것, 가장 작은 것에 집중해라. 이것이야말로 실행력의 요점이다. 일단 첫걸음을 내딛어라. 그러면 앞에 펼쳐진 길을 따라가기는 훨씬 쉬워진다.

일단 시작하는 실행력은 사람들을 저 앞으로 밀어준다.

나는 이 책이 당신의 삶과 경력에 필요한 실행력을 일으키는 데 도움이 되길 바란다. 당신이 지금 당장 자리에서 일어나 첫걸음을 내딛길 바란다.

매일 똑같은 일만 되풀이하면서 뭔가 바뀔 거라고 기대하지 마라. 언제까지 지금 그 자리에 머물 셈인가? 같은 자리에만 있으면 과연 행복할까? 5년이나 10년 후에도 그럴까? 글쎄, 자기 자신을 바꾸기 전에는 아무것도 바뀌지 않는다.

한국 사회는 특히나 경쟁이 치열하다. 한국인 중 절반이 완벽주의자라고 한다. 이래선 실패를 무서워하게 되고, 새로운 일을 시작하기 어려워진다.

우리는 언제든지 유튜브를 시작하거나 회사를 세우거나 책을 쓸 수 있다. 하지만 완벽주의자들은 이렇게 무서워한다. "누가 날 지켜보면 어떡하지? 사람들은 어떻게 생각할까?" 그런데 한편으로는 누가 봐주지 않는 것도 무서워한다. "아무도 나를 봐주지 않으면 어떡하지?" 대체 어느 쪽인가? 사람들이 지켜보고 쑥덕대는 게 무서운가, 아니면 아무도 봐주지 않는 게 무서운가? 내가 이 문제를 극복하는 데 도움이 된 방법은 끊임없이 생각하고, 생각하고, 또 생각하는 것이다. 평가당하는 게 두려워서 1년, 2년, 5년 후에도 무엇 하나 시도하지 못하리라고 생각해보라.

머릿속 불안과 걱정에서 벗어나는 방법은 단 하나다. 지금 당장 실행하는 것이다. 친구와 헬스장에서 만나기로 약속해라. 그러면 정말로 헬스장에 가게 된다. 물론 아침에 알람이 울리면 또 이런 생각이 들 것이다. '밖은 춥고 침대는 따뜻해. 오늘은 운동을 쉬고 내일 가야겠다.' 하지만 친구가 헬스장 앞에서 기다리고 있다면 어떻게든 일어나서 밖으로 나갈 것이다. 그 첫걸음은 더 큰 용기와 담대함을 불어넣고, 머릿속 걱정에서 벗어나 당장 움직일 '실행력'을 줄 것이다. 그러면 아침마다 헬스장에 나가기가 점점 더 쉬워진다.

누구는 내게 이렇게 말한다. "포기해!", "너는 못 해!", "이 일엔 가치가 없어!", "완벽해야 해!", "네가 과연 할 수 있을까?" 나는 이 말을 깨부순다. 우리는 이 모든 장벽을 넘을 수 있다. 물론 우리는 완벽할 수 없고, 이렇다 할 자산도 없고, 자기 자신을 믿기도 어려워한다. 우리가 가진 건 실행력뿐이다. 하지만 실행력이야말로 시작하는 데 필요한 전부다.

이 책을 통해 당신의 꿈과 아이디어에 엄청난 가치가 있다는 사실을 깨닫길 바란다. 떠오른 아이디어를 지금 당장 실행하라. 불안하고 걱정되겠지만 그래도 해야 한다. 그러면 행복, 돈, 안정, 영향력 등 모든 면에서 완전히 다른 차원으로 도약할 수 있다. 당신에게 부족한 건 실행력뿐이다. 지금 당장 침대를 부수고 떠나라. 이 책을 선택한 당신이 남다른 가치와 무한한 실행력을 쌓아가길 바란다.

서문

평범한 삶을 송두리째 뒤바꾸는 힘, 실행력

내 친구 키이라 폴슨이 이 책《침대 부수기》를 8주 안에 써 보라고 했다. 그 말을 듣자마자 떠오른 생각은 이랬다. '8주 라고? 미쳤군!' 책 한 권을 쓰는 데 얼마나 긴 시간이 걸리는 지 아는가? 내가 처음 책을 썼을 땐 꼬박 1년이 걸렸다. 대개 그렇지 않은가? 작가들 대다수는 책 한 권을 내기까지 1년도 넘게 걸린다. 어떻게 8주 만에 책을 완성하겠는가?

그러다가《우리는 서로 돕도록 태어났다Built to Serve》를 어 떻게 썼는지 생각이 났다. 그때 나는 목을 다쳤고, 토론토에 서 뉴욕까지 자동차를 타고 가는 동안 책을 썼다. 목 부상 때 문에 비행기에 탈 수 없었고 운전도 허락되지 않았다. 하지 만 뉴욕에서 중요한 미팅이 있었기에 아내 니나가 운전해서 다녀왔다. 여행 일정 사이 자동차로 이동하는 것만 하루 9시간이었는데, 나는 그 동안에《우리는 서로 돕도록 태어났다》원고 중 마지막 3분의 1을 써냈다.

그러니 이번 책은 8주 만에 쓸 수 있을까? 머릿속에서는 불가능하다며 온갖 이유를 늘어놓는 목소리가 들렸다. 이 목소리를 없애버릴 수 있을까? 불가능한 이유를 몇 가지 들어보면 다음과 같다.

> · 너는 지금 이런 일을 할 시간이 없어.
> · 책 쓰는 일은 우선순위가 아니야.
> · 이제 막 이사해서 집안이 어수선해. 지금은 침대도 없이 바닥에서 잠을 자고, 짐도 다 풀지 못했어.
> · 40명으로 이뤄진 팀 운영 방식을 재정비하기로 했어. 그런데 책에 시간을 쓰면 리더 역할을 제대로 못 하게 돼.
> · 시간을 가족과 보내지 않고 책을 쓰는 데 써버리면 좋은 남편, 좋은 아빠가 되지 못할 거야.
> · 책을 편집하고, 표지를 디자인하고, 홍보하는 일을 누가 도와줄 것 같아?
> · 자비로 출판할 거야? 아니면 출판사를 찾을 거야? 누가 이 책을 8주 만에 출판하려고 하겠어?

이 문제를 깊이 생각할수록 그만두고 싶어졌다. 두렵다. 해낼 수 없을 것 같다. 지금 무슨 약속을 한 거지? 이건 미친 짓이야!

하지만 눈을 감고 가만히 귀를 기울이니 부정적인 목소리 너머에서 작은 속삭임이 들렸다. "넌 할 수 있어. 네게 부족한 건 실행력뿐이야." 그럼 시작해보자. 글을 쓸 시간이다. 어떤 일이 생기는지 보자!

"당신에게 부족한 건 실행력뿐이다."

당신에겐 훌륭한 아이디어도, 선한 마음도, 남을 도우려는 욕구도 있다. 아이디어를 실현할 역량도 있고, 역량을 더욱 키울 여지도 있다. 그런데도 실행하지 않는다.

그러는 사이에 '당신이 생각한' 아이디어로 다른 사람들이 성공을 거둔다. 그 사람들은 당신보다 사명감도 없고, 남을 도우려는 욕구도, 아이디어를 향한 열정도 모자라다. 차이가 있다면 오직 하나, 그 사람들은 아이디어를 실행에 옮겼다는 것이다. 그 사람들은 첫걸음을 내디뎠다. 그들은 멈추지 않았고 이제 성과를 거두고 있다.

당신이 그 일을 해낸 주인공이 될 수도 있었다. 당신이 '주인공이어야' 했다. 이 책은 당신을 주인공의 자리로 안내하는 길잡이다.

"실패하면 어떡해?" 사람들은 실패를 두려워한다지만, 사실은 실패 그 자체가 아니라 '사람들 앞에서' 실패하는 걸 두려워한다. 뭔가 시도했는데 성공하지 못했을 때, 사람들이 당신을 어떻게 평가할지가 두려운 것이다. 샤워실에서는 마음대로 노래를 부르기도 하지만 길모퉁이에서는 그러지 않는다. 차이가 뭘까? 당신이 하는 일을 지켜보는 사람이 있는지 없는지다. 보는 사람이 있을 땐 큰 소리로 노래하지 않는다. 당신의 실행력을 죽이는 원흉은 다른 사람들의 시선과 의견이다.

남들이 어떻게 보는지를 중요하게 여기는 한, 뭔가 선택할 때 소심해질 수밖에 없다. 하지만 세상에 맞서야 한다. 모든 사람이 당신의 인생을 놓고 저마다 훈수를 둔다. 사람들은 당신이 태어난 순간부터 어떤 일을 할 수 있는지 없는지, 어떤 사람이 될 수 있는지 없는지 이야기한다. 뭘 입어야 하는지, 뭘 먹어야 하는지, 어떤 학교에 다녀야 하는지, 어떤 학문을 전공해야 하는지 훈수를 둔다. 어떤 직장을 잡아야 하는지, 몇 살에 결혼해야 하는지, 아이를 몇 명이나 낳아야 하는지, 당신 같은 사람이 '마땅히' 해야 하는 일이 뭔지 떠든다.

이처럼 당신을 가두는 틀에서 벗어나려고 애썼지만 실패했는가? 돈, 건강, 인간관계에서 이루고 싶은 꿈이 있지만 끝내 다다르지 못했는가? 실패를 맛본 이는 더 융통성 있고 '현실적인' 사람으로 변해 주변인들이 추천하는 길로 되돌아간다. 괜찮다. 우리 잘못이 아니다.

우리는 학교에서 꿈을 이루는 법을 배우지 못했다. 주변 사람들도 가르쳐줄 수가 없었다. 그 사람들도 겨우 버틸 뿐이었기 때문이다. 우리에겐 꿈을 이루는 데 필요한 돈, 자원, 장비, 시간, 인맥, 배경이나 교육이 없었다. 다만 주어진 조건에서 최선을 다했다. 성공하지 못한 건 우리 잘못이 아니다. 하지만 지금 서 있는 위치에서 삶을 끝낼 수는 없다.

완벽하지 않아도 된다. '우리에게 부족한 건 실행력뿐이다.' 그럼 어떻게 해야 멈춰선 삶에서 실행력을 얻을 수 있을까? 실행력은 마음가짐을 바꾸는 데서 시작된다. 거창한 계획과 괜한 걱정을 버려라. 지금 바로 내딛는 한 걸음이 모든 것을 바꾼다. 당신에게 부족한 건 실행력뿐이다!

Contents

1 아침마다 되새기는 7가지 다짐

침대에서 벗어나기 위한
7가지 행동

잠드는 순간까지 지킬
7가지 습관

실행형 인간을 위한 7가지 전략

✳

아침마다
되새기는
7가지 다짐

#1
다짐 하나

당신의 아이디어는
언제나 옳다

생각날 때마다 수없이 되뇌는 문장이 하나 있다.

네게서 놀라운 아이디어가 흘러나온다는 사실을 믿어.
네게서 놀라운 아이디어가 흘러나온다는 사실을 믿어.
네게서 놀라운 아이디어가 흘러나온다는 사실을 믿어.

이 문장을 주문처럼 되뇌면 머릿속에 떠오른 놀라운 아이디어를 실행에 옮길 용기가 생긴다. 처음에 좋은 아이디어가 떠올랐다고 생각했는데 나중에 보니 별로인 것 같다면 눈을 감고 이 주문을 읊어보자.

과연 어떤 효과가 있을까? 아이디어가 떠오르면 보통 어떤 일이 일어나던가? 좋은 아이디어가 떠오르면 마음이 설레지만, 곧이어 또 다른 생각이 들어선다. 방금 떠올린 아이디어를 다시 살펴보기 시작한다. 아이디어를 실행에 옮길 계획을 궁리하지만 도무지 방법이 떠오르지 않는다. 돈도, 시간도, 자원도, 인맥도 턱없이 모자라다. 스트레스가 거대한 파도처럼 밀려들고, 이를 이겨내기란 불가능해 보인다. 놀라운 아이디어가 떠올랐지만 곧 버려지고 만다.

놀랍고도 아름다운 생각이 떠올랐다면 아이디어에 물을 주며 잘 자라도록 가꿔야 한다. 생각이 커지도록 힘써야 한다. 그런데 아이디어를 다시 고려하고 괜스레 비판적으로 바라보면 생각의 씨앗은 깊이 뿌리내리지도, 크게 성장하지도 못한다.

이 난관을 어떻게 극복할까? 스트레스를 떨쳐내야 한다. 자신에게서 놀라운 아이디어가 흘러나온다는 사실을 믿어야 한다.

우리 안에서 놀라운 아이디어가 흘러나온다고 하면 당신이 뭐라도 되는 줄 아느냐고 핀잔을 주는 사람들이 있다. 상관없다. 그런 말은 신경 쓰지 말자. 자신의 아이디어로 어떤 사람들을 돕고 싶은지에 초점을 맞춰라. 인간은 이타적인 존재다. 우리 안에는 사람들을 도우려는 욕구가 있다. 우리는 아침에 일하러 나갈 때, 자신이 하는 일이 누군가에게 큰 의미가 있고 중요한 것이길 바란다. 하지만 자신의 아이디어를 비판할 뿐 가꾸지 않는다면 실행력을 잃어버릴 테고, 누군가에게 중요한 사람이 되는 날도 오지 않는다.

다음번에 놀라운 아이디어가 떠올랐는데 그 생각을 비판하거나 스스로를 얕잡아보는 나쁜 마음이 들거든, 눈을 감고 마음을 가다듬자. '네게서 놀라운 아이디어가 흘러나온다는 사실을 믿어'라고 말하자. 당신이 떠올린 생각은 놀라운 아이디어다. 이제 그 아이디어를 가꾸고 실현할 때다. 당신은 그 아이디어로 사람들을 도울 수 있다. 자신을 믿고 대담하게 생각할 때 놀라운 아이디어가 흘러나온다.

#2

다짐 둘

긍정적인 감정에
귀를 기울여라

머릿속에 떠오른 모든 아이디어를 실행에 옮겨야 할까? 그렇지는 않다. 운수가 사나워서 되는 일이 없는 것 같다면 그땐 잠시 멈춰야 한다. 가령 지난밤에 끔찍한 악몽을 꿨고, 불볕더위에 에어컨이 고장 났고, 밤새도록 개 짖는 소리에 시달렸는데 인터넷까지 온종일 먹통이었다고 생각해보자. 아침에 일어나 실수로 커피를 쏟았고, 화가 잔뜩 난 고객에게 문자를 받았고, 점심 도시락을 잊어버리고 출근했는데 도로공사로 좁아진 길을 앞두고서야 그 사실을 깨닫는다.

그게 다가 아니다! 웬 차량이 당신 앞으로 끼어든다. 참으로 얌체 같은 짓이다. 하필 이런 자를 도로에서 만나다니. 얼굴 가죽이 얼마나 두꺼우면 이런 짓을 할까? 이럴 땐 어떻게 하는 게 좋을까? 재빨리 전진해 얌체 차량 옆에 붙어 한껏 경멸하는 눈으로 째려보며 그 사람이 얼마나 한심한지 똑똑히 알려줘야겠다는 생각이 든다. 도대체 어떻게 생겨 먹은 사람이 그런 짓을 하는지 알아둬야겠다는 마음이 들었다고 하자.

어떤가. 이렇게 떠오른 생각도 실행하기에 좋다고 볼 수 있을까? '네게서 놀라운 아이디어가 흘러나온다는 사실을 믿어'라는 주문을 이런 일에 이용해선 안 된다. 사람들은 스트레스가 심해 감당하기 어려운 상황에 놓이면 경솔하게 움직이는 경향이 있다. 이렇게 내린 결정은 유익하지 않을 때가 많다. 이유야 어찌 됐든 사람들은 이런 생각을 바꾸지 않고 기어이 실행한 뒤 그제야 후회한다. 어떤 말이나 행동을 일단 저지르고 후회한 적이 있다면 지금 이게 무슨 말인지 잘 알 터다.

사람들은 부정적인 상태에서 어떤 생각이 떠오르면 앞뒤 가리지 않고 즉시 실행하는데, 정작 긍정적인 상태에서는 두려워하며 행동에 나서지 않는다. 도대체 왜일까?

부정적인 감정이 긍정적인 감정보다 강력하고, 그 탓에 우리 머리가 부정적인 감정을 제어하지 못하기 때문이다. 그래서 마음이 진정되고 나서야 자기가 무슨 일을 저질렀는지 깨닫는 것이다.

지금 드는 생각이 좋은지 나쁜지 판단하는 방법은 '자신감을 주는 아이디어를 믿는 것'이다. 어떤 아이디어를 떠올릴 때 의욕이 솟고, 자신감이 넘치고, 남을 돕고 싶은 기분이 든다면 그 아이디어가 자신에게 꼭 맞는 것이다. 반복되는 일상에서 벗어나 특별한 행사에 참여할 때, 자연을 즐길 때, 혹은 휴가를 떠났을 때 좋은 아이디어가 떠오르곤 한다.

아이디어가 떠오르거든 자신에게 물어보자. "이 아이디어는 사람들에게 도움이 되는가? 내게 긍정적인 에너지를 주는가? 의욕이 솟고 자신감이 생기는가?" 만약 이 질문에 모두 '그렇다'라고 대답한다면 그야말로 꼭 맞는 아이디어다. 이 질문들에 답하며 자신과 대화를 나누는 동안 장차 어떻게 살고 싶은지 깨닫게 된다.

새로운 아이디어가 떠오를 때 당장은 그 의미를 이해하지 못하더라도 일단 가만히 귀를 기울이자. 머리로는 이해하지 못할지라도 우리 가슴은 뭔가 알고 있기 때문이다.

침대 부수기

#3
다짐 셋

사소한 결정은 머리로,
중요한 결정은 가슴으로

당신은 중요한 일을 결정할 때 어떻게 하는가? 사람들은 대부분 장단점 목록을 쓴다. 이제 그런 일은 그만두자. 가슴으로 대답해야 하는 질문에 머리를 쓰려고 해봐야 소용이 없다.

우리 머리는 눈앞에 있는 세계를 보는 데만 소질이 있다. 자기 자신을 안전하게 지키도록 만들어졌기 때문이다. 하지만 가슴 깊은 곳에는 새로운 일, 지금까지 아무도 해내지 못한 일을 해내고 남들이 "말도 안 돼"라고 비웃을 만큼 대단한 것을 창조하겠다는 욕구가 있다.

아주 중요한 결정이라면, 그러니까 삶을 크게 바꿔놓을 잠재력을 지닌 일이라면 가슴으로 판단해야 한다. 머리는 변화를 좋아하지 않기 때문이다.

모리타 아키오盛田昭夫가 가업을 물려받는 건 당연해 보였다. 여러 세대에 걸쳐 운영한 사업이었고, 모리타는 가문의 장남이었다. '머리로 내리는 결정'을 따른다면 사업을 이어받아야 했고, 그랬더라면 다른 식구들도 만족했을 것이다. 하지만 모리타의 가슴은 새로운 일에 도전하고 싶었고, 결국 맨땅에서 자기 회사를 창업했다. 그 회사는 바로 여러분도 익히 아는 소니Sony다.

마담 워커Madam C. J. Walker는 평생 남의 집 빨래를 하며 사는 게 당연해 보였다. 고아 출신으로 14세에 결혼한 마담 워커는 학교라곤 고작 3개월 다닌 게 전부였고, 하녀로 일하면서 딸을 돌봐야 했다. 하지만 더 나은 세상을 꿈꾼 마담 워커는 흑인을 위한 모발 관리 제품을 만들어 회사를 세웠고, 미국에서 여성 최초로 자수성가한 백만장자가 됐다.

오늘 당장 직장을 때려치우고 창업에 나서라는 말이 아니다. 가슴을 따르면 일이 술술 풀려서 가치가 10억 달러에 이르는 회사를 만들거나 유례없는 기록을 세우리라는 말도 아니다. 모리타 아키오와 마담 워커가 경험했듯이, 다른 사람들은 '이렇게 해야 너답다느니, 저렇게 해야 너답다느니' 하며 우리를 압박한다. 미처 의식하지 못했을 뿐 우리 스스로 사회적 압박을 내면화한 경우도 많다. 굉장한 아이디어가 떠오를 때면 자신을 압박하는 말들이 불쑥 튀어나오곤 한다. 이런 말은 머리가 속삭이는 것이다. 과감한 생각은 포기하고 합리적이며 현실적으로 판단하라는 목소리는 우리가 성장하지 못하게 막는다. 지도에 없는 길을 개척하려면 가슴에서 나오는 소리에 귀를 기울여야 한다.

어떻게 해야 할까? 가슴과 머리의 소리를 알맞게 조율하는 게 관건이다. 가슴이 뛸 만큼 원대한 아이디어가 떠오르더라도 머리는 환영하지 않을 것이다. 머리로 판단해봐도 환영할 만한 아이디어로 보인다면 그 아이디어는 대단치 않을지도 모른다. 아이디어를 실행에 옮길지 말지 최종 결정을 내릴 땐 가슴이 시키는 말을 따라야 하고, 그다음 실행 방법을 모색할 땐 머리가 시키는 말을 따라야 한다.

머릿속 목소리를 향해 이렇게 말해보자. "좋아, 우린 이 일을 할 거야. 이미 벌어진 일이야. 이제 어떻게 할지 방법을 찾아줘야겠어." 이렇게 가슴과 머리의 목소리를 조율한다면 우리 안에 있는 놀라운 아이디어를 실현할 수 있다.

#4
다짐 넷

자기 삶의 주인공은
어떻게 할까?

문제 앞에서 어떤 결정을 내릴지 막막하다면 자기 자신에게 이렇게 물어보자. '장차 어떤 사람이 되고 싶은가?' 머리가 아닌 가슴으로 판단할 때 써먹으면 무척 좋은 질문이다.

이건 함께 일하는 촬영감독 대니가 중요한 결정을 내리지 못하고 어려워할 때 얘기를 나누다가 떠올린 방법이다. 그때 대니가 무슨 문제로 고민했는지는 잊어버렸지만 내가 던진 질문만은 기억난다. "대니, 삶의 주인공은 어떻게 할 것 같아?" 대니는 바로 그때 명확한 답을 찾았다.

모든 변명거리가 한순간에 사라졌다. 하고 싶은 일이 있지만 안 되겠다고 생각했던 이유와 사연, 걸림돌이 전부 사라졌다. 대니가 올바른 결정을 내리는 데 필요한 관점의 전환이 일어난 것이다.

위 질문에 대답하는 시간은 두려움 없이 자신감 넘치게 살아가는 자신을 만날 기회다. 사람들은 과거에 저지른 실수를 곱씹으며 자신을 탓하고, 끊임없이 남과 비교하고, 주변의 기대에 미치지 못할까 두려워하며 산다. 우리는 주인공답게 사는 법을 배운 적이 없다. 우리는 크게 생각하는 습관을 기르지 못했다. 동화 같은 성공담의 주인공은 따로 있다고 생각한다.

어떻게 해야 중대한 결정을 내릴 때 머리가 아닌 가슴이 시키는 말을 들을 수 있을까? 스스로 이렇게 물어보자. '자기 삶의 주인공은 어떻게 할까?' 이 질문은 자신에게 부족한 게 뭔지 파악할 수 있다는 점에서 매우 중요하다.

하루를 끝내고 돌아볼 때 무엇보다 신경 쓸 점이 있다면 다른 사람이 아니라 자기 자신의 의견이다. 오늘 밤 베개를 베고 잠자리에 들 때 자랑스러운 '나'를 만나는 걸 목표로 삼아야 한다. 사람들은 대부분 자신을 대견하게 여기지 않는다. 거울 앞에 서면 어떤 사람이 보이는가? 자신의 삶이 자랑스러운가?

여기서 우리가 할 일은 자책하는 게 아니다. 자책은 이미 할 만큼 했다. 이번 목표는 질문의 답을 찾는 동안 자기 모습을 구체적으로 그리는 것이다. 간단히 연습해보자. 먼저 눈을 감고 두려움 하나 없이 자신감 넘치는 자기 모습을 상상해보자. 자랑스러운 '나'는 어떤 모습인가? 무슨 일을 하는 사람인가? 어떻게 행동하는가? 신념은 무엇인가? 이때 떠오른 모습, 그러니까 대담하고 미래지향적이고 잠재력 있는 '나'를 가슴에 담고 질문에 대답해보자. 그런 '나'라면 현재 처한 상황에서 어떻게 할 것인가?

장담하건대, 두려움 하나 없이 자신감 넘치는 '주인공'의 모습과 마음가짐으로 중요한 결정을 내리고 하루하루 살아간다면 1년 후 당신의 삶은 몰라보게 달라질 것이다. 당신은 무섭고 어렵고 힘든 일에 도전하며 주인공답게 행동하기로 마음먹었기 때문이다.

침대 부수기

#5
다짐 다섯

나만의 파란불,
'전진 신호'를 만들어라

"두려워", "어려워", "힘들어". 이 말들은 대담하게 전진할 때가 왔다고 알려주는 신호다. 내가 이 말을 입 밖에 내거나, 문자로 보내거나, 글로 쓰거나, 머릿속으로 생각한다면 두렵고 어렵고 힘든 그 일을 지금 당장 실행해야 한다는 뜻이다. 나는 이 '전진 신호'를 실행력 삼아 행동에 나선다.

왜 이런 신호를 만들었을까? 나는 두렵고 어렵고 힘든 일이라도 해내는 사람이란 걸 나 자신에게 가르치고 싶어서다. 내가 삶에서 바라는 것들은 모두 공포와 고난, 역경 건너편에 있기 때문이다. 두렵고 어렵고 힘든 일을 하지 않는다면 안전지대에서 영영 벗어나지 못한 채 결국에는 내 삶을 싫어하게 되리라는 사실을 알기 때문이다.

우리가 실행력을 잃어버리는 주된 이유는 모든 사안을 지나치게 신경 쓰기 때문이다. 이 방법은 머리가 속삭이는 말을 거부하고 과감히 실행할 때 쓸 수 있는 강력한 도구다. 굉장한 아이디어가 있는가? 그런데 아이디어를 실행하기가 두려운가? 좋은 일이다. 그렇다면 그 아이디어를 실행하는 일에 '반드시' 착수해야 한다.

자기만의 전진 신호를 만드는 건 복잡하고 지루한 계산에서 벗어나는 지름길이다. 전진 신호가 보이면 고민을 멈추고 바로 실행해야 한다. 아이디어가 떠오르면 고민만 하지 말고 행동하도록 자기 자신을 가르쳐야 한다. 두려움은 실행을 미룰 핑계가 되지 못한다. 현재의 '나'에게도, 미래의 '나'에게도 결단코 도움이 되지 않는다. 두려운 일이라도 해야 한다! 어려운 일을 좋아야 한다! 힘든 일을 받아들여야 한다! 이것이 바로 두려움 없이 자신감 넘치는 사람의 마음가짐이다.

"두려워", "어려워", "힘들어" 같은 말은 안타깝게도 인간의 사고체계에서 떼려야 뗄 수 없다. 우리는 결국 머리가 시키는 대로 움직이게 된다. 인간은 본래 크게 내다보지 못하는 경향이 있다. 인간은 겁이 나면 본능적으로 도망치기 마련이다. 두렵고 어렵고 힘들다는 말이 입에 붙었거나, 그런 감정을 느끼며 산다는 사실조차 알아차리지 못할 때가 대부분이다. 따라서 부정적인 감정을 느낀 뒤 과감하게 결정하고 실행하는 게 무척 중요하다. 다시 말해, 아이디어를 행동에 옮기고 실행력을 키워야 한다.

당신을 주저앉히는 말은 무엇인가? 당신이 실현하고 싶은 엄청난 아이디어를 떠올리자마자 머릿속에서 들리는 말이 뭔지 살펴보자. 놀라운 일을 실현할 실행력을 떨어뜨리는 '그럴듯한' 변명이 떠오르는가? 당신을 주저앉히는 그 말들은 지금이 바로 더 크게 생각하고 전진해야 할 때임을 알려주는 신호다. 앞으로 그런 말을 입에 올리려거든, 그때야말로 주인공답게 행동할 순간임을 알아야 한다.

주변 사람들을 이용하는 방법도 있다. 전진 신호로 설정한 말을 친구, 가족, 배우자, 팀원, 공동체에 알려주고 도움을 받을 수 있다. 자신을 가로막는 변명에 더는 굴복하지 않기로 마음먹었다면, 자신이 변명할 때 언제든 지적해달라고 가까운 사람들에게 부탁하자. 특히 아이들에게 부탁하면 잊지 않고 부모의 언행을 지적해준다. 이런 결심은 널리 알릴수록 좋다. 전진 신호로 설정한 말을 여러 사람이 알면 알수록 꿈꾸는 사람에 가까워질 수 있다.

더 크게 생각하고, 전진할 신호를 알아차리고, 똑똑하게
행동하라. 두려운 일을 하고, 어려운 일을 좇고, 힘든 일을
받아들여야 한다!

40대 남성인 내가 예쁜 매니큐어를 칠한 이유, 전진 신호

내 전진 신호가 뭔지 설명할 때마다 이런 질문을 던지는
사람들이 있다. "낙하산 없이 건물에서 뛰어내리기는 어떤가
요?", "거리에 있는 상점을 터는 건 어때요?", "생각만 해도 두
려우니까 이런 일에도 도전해야 할까요?"

재밌는 농담이다. 당연히 그런 일은 하면 안 된다. 두려워
서 쉽사리 결단하지 못하는 일은 대부분 본인이나 타인에게
해를 끼치는 일도 아니고, 자신이 믿는 핵심 가치와 부딪치
는 일도 아니다. 사람들은 8주 만에 책 쓰기, 영상 제작하기,
사랑 고백하기, 콘텐츠 만들기, 새로운 곳으로 이사하기 같
은 일에 겁을 낸다. 주인공이라면 어떻게 할지 생각하고 용
기를 내면 나중에 스스로 대견하게 여길 만한 일이다.

이런 아이디어를 실현한다면 본인은 물론 타인에게도 이

롭다. 두려움을 이겨내고 아이디어를 실현하면 멋진 '나'로 성장할 테지만, 주저앉히는 말에 설득당해 스스로 제동을 걸 때도 많다.

다행인 점은 우리를 주저앉히는 말이 언제나 똑같다는 사실이다. 새로운 일을 대담하게 실행하고 싶을 때마다, 똑같은 말이 고장 난 레코드판처럼 머릿속에서 되풀이된다. 어떤 말이 자신을 주저앉히는지 파악하는 건 스스로를 올바르게 인식하는 첫걸음이다. 그래야 이런 말이 다음에 또 발목을 잡을 때 실행력이 떨어지지 않도록 막을 수 있다.

삶의 목적을 이루는 데 별다른 도움이 되지 않는 아이디어라면 어떡해야 할까? 관건은 스스로 생각하는 자기 정체성이다. 앞으로 어떤 사람이 되고 싶은지 결정하는 건 자기 자신이다. 개인적인 예를 들어보겠다. 나는 캐나다에서 가장 큰 살사 댄스 학원을 운영한다. 우리 댄스팀이 지역 대회에서 우승했을 때, 나는 축하하는 의미로 손톱을 관리해주려고 팀 전원을 가게에 데려갔다. 팀원은 대부분 여성이었는데 그중 한 명이 우스갯소리로 나도 손톱 관리를 받을 건지 물었다.

"어……, 아뇨. 저는 예쁜 손톱으로 자신을 표현하지는 않아요." 합리적인 답변이었지만, 사실 사람들의 시선이 두렵다는 게 가장 큰 이유였다. 짜잔. '두려워'라는 말이 등장했다. 나를 주저앉히는 말이 나왔으니, 이는 바로 전진 신호였다. 그러니 손톱 관리를 받아야만 했다. 하지만 꼭 그래야 할까? 손톱을 예쁘게 칠하는 게 기업가 정신이나 삶의 목표와 무슨 상관이란 말인가? 아무 상관도 없으니 손톱 관리 같은 건 하지 않아도 좋다. 그렇지 않은가?

우리는 이런 식으로 자기 자신과 타협하면서 위기를 모면한다. 두려운 상황 앞에 전진하기로 다짐하더라도, 머리가 시키는 말은 이 결심을 저버리게 한다. 우리의 머리는 자신을 안전하게 보호하도록 설계됐기 때문이다. 손톱 관리를 받는 일은 내가 정한 목표와는 상관이 없었다. 하지만 '두려워'라는 전진 신호를 포착했고, 그 말대로 '두려움'이 그 일을 피하고 싶은 이유였으므로 곧장 실행에 옮겨야 했다. 나는 손톱을 예쁘게 칠했을 뿐 아니라 두려움을 있는 그대로 받아들이기 위해 그 결과를 인터넷에 올렸다. 그날 이후로 손톱 관리를 다시 받은 적은 없지만, 이제는 손톱을 꾸미는 일은 나를 표현하는 방식이 아니라고 당당히 말할 수 있다. 이제 '두려움'은 손톱 관리를 받지 않는 이유가 아니기 때문이다.

하지만 여전히 전진 신호를 포착하기가 어려운 사람에겐 몸으로 느끼는 '두근두근 테스트'를 권한다.

저는 불편함을 기회로 받아들였습니다. 남들이 어떻게 생각할지 두려워서 어떤 일을 망설이고 있다면…… 그땐 **반드시** 그 일을 해야 합니다.

우리가 주저하는 첫 번째 이유는 두려움입니다. 실패 그 자체가 두려운 게 아니라 사람들 앞에서 실패하는 게 두려운 거죠. 사람들의 비판이 두려운 겁니다.

비판을 견딜 수 있도록 예방주사를 놓는 건 자기 자신에게 줄 수 있는 최고의 선물입니다.

손톱 관리를 받았을 때 사진을 찍어서 인터넷에 올리며 덧붙인 글이다. 나는 매니큐어를 곧바로 지우지 않고 저절로 없어질 때까지 몇 주간 그대로 뒀다.

#6

다짐 여섯

심장이 뛰는 곳으로,
'두근두근 테스트'

당신을 도전 앞에서 주저앉히는 말이 뭔지 생각해보면 소
중한 아이디어를 실현할 힘을 되찾는 데 도움이 된다. 하지
만 때로는 이런 말들을 잡아내기가 어렵다. 사람에 따라서는
특정한 말을 알아채기보다는 몸의 반응을 살펴보는 게 좋다.

두근두근 테스트는 이때 유용한 방법이다. 한번 살펴보
자. 새롭고 놀라운 아이디어가 떠오를 때 우리 가슴은 두근
두근 요동친다. 그 아이디어를 생각하면 너무 신나고 심장이
터질 것 같다.

마음가짐이 긍정적일 때 떠오른 아이디어로 심장이 뛴다

침대 부수기

면, 그 아이디어는 내게 꼭 맞는 것이므로 당장 실행할 준비에 나서야 한다.

그런 일이 내게도 일어났다. 키이라 폴슨을 초대해 생방송을 진행한 날, 나는 이 친구 덕분에 실행력을 소재로 책을 쓰겠다는 아이디어를 얻었다. 키이라는 내가 생방송 중에 이 아이디어를 입 밖에 내도록 도왔고 사람들은 우리가 나누는 이야기를 들었다.

자신을 책의 인도자라 소개하는 키이라는 사람들을 그들의 수호천사와 연결해 잠재력을 실현하도록 돕는다. 키이라가 말하길, 우리가 펜을 들면 책이 말을 건다. 그러면 뭘 쓸지 저절로 알게 된다.

이 모든 말이 황당하고 기이하게 들리는가? 나 역시 그랬기에 키이라를 초대해 생방송을 하고 싶었다. 키이라는 생각이 남달랐다. 만약 나와 똑같이 생각하는 사람들하고만 어울린다면 성장이 멈추고 말 것이다. 한 행사에서 키이라를 만났고, 함께 생방송을 하면 좋겠다는 아이디어가 떠오르자마자 가슴이 두근두근 뛰기 시작했다! 이 아이디어를 반드시 실행해야 한다는 뜻이었다.

키이라가 내게 궁금해하는 건 뭘까? 키이라가 하는 말을 따라가지 못하면 어떡하지? 나를 응원하는 수호천사가 한 명도 없으면 어떡하지? 책이 내게 말을 걸어오지 않으면 어떡하지? 게다가 키이라와 나누는 모든 이야기를 시청자들이 듣는다는 거지?

두근두근! 좋다. 키이라를 채널에 초대하자. 키이라는 내 제안을 곧바로 받아들였다. 키이라도 내 제안을 듣고 가슴이 두근두근 뛰었는지 궁금했다.

그래서 우리 둘은 생방송을 했다. 키이라는 방송을 마무리할 즈음 실행력에 관한 책을 언제 쓸 건지 질문할 참이었다. 책에서 다루는 주제가 다름 아닌 실행력이다! 과연 몇 개월 뒤에나 쓸 거라고 대답할 수 있을까? 아니다. 삶의 주인공이라면 그렇게 대답하지 않을 것이다.

키이라가 책을 언제 쓸 거냐고 물었을 때 두려움과 걱정으로 가슴이 쿵쿵 뛰었지만, 나는 정답이 뭔지 알고 있었다. "물론 오늘부터죠!"

나는 이 방송을 끝내자마자 컴퓨터를 열어 새 문서를 작성하기 시작했고, 이후로 계속 글을 쓰고 있다. 전진 신호를 포착하기 어렵다면 '두근두근 테스트' 기법을 써보자. 좋은 아이디어를 앞두고 두려운 마음이 든다면 몸이 그 사실을 알려줄 것이다. 가슴이 두근두근하면 그 일을 실행에 옮겨야만 한다.

이 방법 저 방법을 써봐도 전진 신호를 포착하는 데 실패한다면 일을 해낼 '방법'보다는 그 일을 해야 하는 '이유'에 초점을 맞춰보자.

#7
다짐 일곱

'방법'이 아니라
'이유'에 집중하라

두근두근 테스트 얘기가 나온 김에 말하자면, 최근에 기업인 게리 바이너척의 인생코치를 인터뷰했다. 바이너척에게 인생코치가 있다는 사실을 알게 됐을 땐 이런 생각이 들었다. '잠깐만, 게리 바이너척 같은 사람에게도 인생코치가 있다고? 바이너척 그 사람이야말로 진정한 코치인 줄 알았는데! 그렇다면 그 코치와 꼭 이야기를 해봐야겠군.' 게리 바이너척의 인생코치는 베스 핸들**Beth Handel**이라는 인물이다. 나는 베스에게 생방송에서 시청자들이 보는 가운데 내 인생을 코치해달라고 부탁했다.

키이라 때 그랬듯이, 나는 이번에도 베스가 무슨 말을 할지 몰랐다. 우리가 나누는 대화가 어떤 방향으로 흘러갈지 알 수 없었다. 그래서 두려웠다. 가슴이 두근두근 뛰었다. 그러니까 주저앉지 말고 이 일을 반드시 해내야 했다.

나는 베스를 만나 내가 생산적으로 일할 수 있는 이유는 계획을 세우고 철저히 따르기 때문이라고 말했다. 나는 아침에 일어나면 앞으로 할 일이 뭔지 생각하지 않는다. 계획대로만 하면 된다. 혹시라도 중간에 의문이 생기면 기존 계획을 바꾼다. 그리고 다시 새로운 계획을 믿고 움직인다. 나는 대개 이런 방식으로 살아간다.

아울러 가끔은 기존 계획을 믿지 못하고, 새로운 계획을 세우기도 어려울 때가 있다고 고민을 털어놨다. 나는 지금까지 스스로가 계획적인 사람이라는 정체성을 만들어왔다. 그렇기에 스스로 짠 계획을 믿지 못하게 되면 정체성이 무너지는데, 이땐 우울해하기보다 "뭔가 좋은 일이 생기려나 봐"라며 상황을 모면하는 대처법을 쓴다.

내겐 항상 계획이 있어야 한다. 하지만 계획을 세울 수 없을 때도 있다. 그러면 나는 뭔가 좋은 일이 벌어지고 있다고 생각하며 문제를 다시 본다. 다시 말하자면, 이런 태도는 힘들 때마다 써먹는 목발이다. 하지만 이 방법에 의존하는 자신이 탐탁지는 않았다. 목발을 짚고 앞으로 나아갈 수는 있었지만, 언제나 멋진 계획을 세우고 실행한다는 자기 정체성이 흔들렸기 때문이다.

베스는 그날 내 삶을 바꿨다. 베스는 게리 바이너척과 나의 가장 큰 차이점을 설명했다. 바이너척은 "언제든 아주 좋은 일이 생길 거야"라는 마음가짐으로 살아가는데, 나는 철저한 계획 속에서 살아간다고 했다. 나는 최악의 순간에 도망칠 수단으로 긍정적인 마음가짐을 써먹지만, 바이너척은 애당초 그런 마음가짐을 기초로 매일을 살아간다.

베스는 또 이렇게 설명했다. 엄청난 일을 이루는 사람은 '방법'이 아니라 '이유'에 집중한다. '방법'은 실행력을 죽이는 범인이다. 어떤 일을 해낼 방법에 너무 집중하면 시작조차 하지 못한다. 너무 두렵기 때문이다. 두려움은 역시 우리를 주저앉히는 감정이다!

'방법'이 아니라 '이유'에 집중해야 한다. 어떤 일을 해야 하는 이유에 초점을 맞출 때 기꺼이 하려는 의욕이 생긴다. 그 이유를 위해 미지의 영역에 뛰어들게 된다. 어떤 일을 해야 하는 이유는 자기 자신을 넘어서야 하는 이유기도 하다. 이 대목에서 니체가 한 말이 떠오른다. "살아갈 '이유'를 아는 사람은 어떤 '방법'으로 살든지 견딜 수 있다."

솔직히 말해 방법이 아니라 이유에 집중하는 건 여전히 쉽지 않다. 나는 오랜 세월 계획형 인간으로 살아왔기에 원칙을 깨뜨리기가 어렵다. 하지만 '어렵다'라는 말이 나온 이상, 나는 이 일을 기필코 해내야 한다!

아침마다 되새기는 7가지 다짐

#1 **다짐 하나**
당신의 아이디어는 언제나 옳다는 사실을 믿어라

#2 **다짐 둘**
부정적인 감정을 버리고 긍정적인 감정에 힘을 실어라

#3 **다짐 셋**
사소한 결정은 머리로, 중요한 결정은 가슴으로 해라

#4 **다짐 넷**
문제 앞에서 삶의 주인공은 어떻게 할지 생각하라

#5 **다짐 다섯**
자기만의 파란불, '전진 신호'를 만들어라

#6 **다짐 여섯**
'두근두근 테스트'를 거쳐 심장이 뛰는 곳으로 가라

#7 **다짐 일곱**
일할 방법이 아니라 해야 하는 '이유'에 집중하라

2022년 5월 31일 업데이트
글쓰기 시간: 오후 3:00~오후 5:30

키이라와 이야기를 마친 뒤 쉬지 않고 꽤 많은 글을 썼다. 무려 5,634단어다! 이 정도면 어디 내놔도 부끄럽지 않은 실행력이다. 지금까지 나는 어쩌다 이 책을 쓰게 됐는지 말했고 아침마다 되새기는 7가지 다짐을 설명했다. 이제 곧 저녁 먹을 시간이다. 오늘은 여기까지 하고 아내 니나에게 진행 상황을 얘기할까 한다. 그리고 이번 주에는 침대에서 벗어나 아이디어를 실행하겠다는 마음가짐을 갖는 데 도움이 되는 몇 가지 행동을 다룰 참이다.

2022년 6월 1일 업데이트

오후 3시, 글을 쓸 시간이다. 지금 처리할 일이 산더미 같지만 잠시 잊어버리자고 다짐한다. 당장은 사람들이 내게 기대하는 일들을 내려놓기로 한다. 다른 일들은 또 처리할 시간이 있을 것이다. 지금은 책을 써야만 한다. 글쓰기에 집중하고, 아이디어를 실현하는 실행력을 일으키려면 어떻게 행동해야 하는지 얘기해보자.

성찰하는 시간

책을 계속 읽어나가는 게 더 편하겠지만 잠시 멈추고 이번 장에서 읽은 내용을 돌아보는 시간을 갖자. 뭘 배웠는지, 새로 배운 것들을 어떻게 활용해서 실행력을 끌어올릴지 생각해보자. 책 여백에 자기 생각을 적고 영감을 받은 행동을 실행에 옮기자.

　더 철저하고 면밀하게 연습하고 싶은 이들은 실행력 워크북Momentum Workbook을 확인하길 바란다. QR코드를 통해 무료로 자료를 받을 수 있다.

실행력 워크북

MOMENTUM

2

✳

침대에서 벗어나기 위한 7가지 행동

#1
행동 하나

'2%' 차이가
모든 걸 바꾼다

새로운 아이디어가 떠오를 때 가장 먼저 하는 행동이 무엇인가? 바로 침대에서 벗어나 일을 시작하는가? 사람들에게 앞으로 무슨 일을 할지 말하는가? 망설이지 않고 행동에 나서는가? 아이디어를 당장 실행하는 게 정답이지만 대다수는 고민하고 계획을 세우며 준비한다.

인간은 가슴 뛰는 아이디어가 떠오르면 본능적으로 계획부터 세운다. 여기부터는 머리가 상황을 지배하기 때문이다. 앞서 말했듯이 인간의 머리는 자신을 안전하게 지키도록 설계됐다. 아이디어를 실현하려면 먼저 믿음직한 계획을 짜야 한다고 우리를 설득한다. 당신도 비슷한 경험이 있지 않은가?

계획을 세우는 게 효과가 없다거나 불필요하다는 말이 아니다. 계획을 세우는 일이 우선순위여선 안 된다는 얘기다. 좋은 아이디어를 실행하고 싶은 긍정 에너지, 의욕과 영감에 가득 차 있는가? 그렇다면 완벽한 계획을 세우느라 에너지를 낭비해선 안 된다!

2퍼센트 차이만 만들 수 있다면 즉시 실행해야 한다. 나는 이 원칙을 '2퍼센트 차이 만들기'라고 부른다. 사람들은 100퍼센트 완벽한 계획을 세우고 싶어 한다. 계획을 세우고 나서야 실행하려고 한다. 그래서는 안 된다. 실행력을 잃지 않으려면 2퍼센트 차이만 만들 수 있어도 바로 행동해야 한다.

계획에 매달리면 대개 허탈한 일이 벌어지기 때문이다. 계획을 완벽하게 세우려고 하면 아이디어를 실행하기도 전에 최상의 에너지를 다 쓰게 된다. 애초에 100퍼센트 완벽한 계획을 세울 방도가 없으니 앞으로 나아가지 못한다. 당장은 아는 게 턱없이 부족하기만 하다. 그러니 더 많이 조사하고, 더 철저하게 계획을 세워야 한다고 생각한다. 하지만 계획에 시간을 투자할수록 아이디어를 실현하는 과정이 생각보다 훨씬 복잡하다는 사실을 깨닫게 된다. 그러면서 자신의 역량을 의심하기 시작한다. '과연 해낼 수 있을까? 내가 잠시 정신이 나간 게 아닐까?' 아이디어를 떠올리고 실행하기까지 간격이 벌어질수록 행동하기가 어려워진다. 실행력도, 에너지도, 신념도 사라지고 예전과 다름없이 침대 속에서 뒹굴거리는 삶으로 돌아가고 만다. 계획을 세우는 노력이 오히려 실행력을 잃어버리는 원인이 된다.

100퍼센트 완벽한 계획을 세우려 하지 말고, 2퍼센트 차이만 만들 수 있어도 바로 실행하자. 새로운 아이디어가 떠오르면 처음 2퍼센트에 집중해야 한다. 아이디어를 즉시 행동에 옮겨야 한다. 그러면 문제가 없을까? 아니, 문제투성이일 것이다. 계획이 엉성하지 않을까? 당연히 빈틈투성이일 것이다. 자기가 지금 무슨 일을 하는지나 제대로 알고 있을까? 그럴 일은 없다! 하지만 지금 바로 해야만 실행력이 생긴다. 그 실행력 덕분에 다음 단계로 나아갈 힘이 솟는다. 그리고 또다시 그다음 단계로 나아갈 힘을 얻는다. 그러다가 어느 순간 변화를 감지한다. 이젠 제대로 된 계획을 세울 수 있다. 일단 실행한 후에 그다음 계획을 세울 땐 시간을 전략적으로 쓰는 데 집중하는 게 좋다. 아이디어가 떠오르면 가장 먼저 할 일은 계획을 100퍼센트 완성하는 게 아니다. 첫 번째 단계는 '2퍼센트 차이 만들기' 원칙을 따르는 것이다. 이 원칙을 어떻게 적용하는지 몇 가지 예를 들어보겠다.

'2퍼센트 차이' 만드는 법

체중을 줄이는 게 목표라고 치자. 좋은 목표다! 그러려면 건강한 음식을 먹고 운동량을 늘려야 한다.

그럼 어떤 음식을 먹어야 할까? 고지방 식단이 좋을까? 채식이 좋을까? 아니면 육식이 좋을까? 영양소가 풍부한 음식을 많이 먹어야 할까? 기존 식단에 녹색 식품을 보충해야 할까? 정원을 가꾸면서 채소를 유기농으로 키우는 게 좋을까? 그러면 어떤 채소를 길러야 할까? 재배 시기와 수확 시기는 언제인가? 물은 얼마나 주는 게 좋을까? 어떤 비료를 써야 할까? 유기농으로 키울 땐 비료를 쓰면 안 되나?

어떤 운동을 해야 할까? 유산소운동과 근력운동은 얼마나 해야 할까? 고강도 인터벌 운동이 좋을까? 러닝 크루에 가입하면 어떨까? 집에서도 혼자 운동할 수 있을까? 아니면 개인 트레이너를 고용하는 게 좋을까? 비용은 얼마지? 주변에 좋은 트레이너가 있나? 개인 트레이너를 고용한다면 가정 교습이 좋을까, 헬스장이 좋을까? 운동복이나 신발은 어떤 걸로 준비해야 할까?

이처럼 끝없이 이어지는 생각의 함정에 빠진 적이 있는가? 그저 체중을 줄여보자는 단순한 목표로 시작했는데 어느 순간 수많은 질문이 생기고, 사람들이 제시하는 의견도 무수히 많다. 완벽한 계획을 세우려고 하니 머릿속 고민에서 더는 나아가지 못한다. 그래서 결국 어떻게 되는가? 아무것도 실행하지 못한다. 질문에 확실한 답을 찾으려 하니 온갖 식단과 운동 방식을 조사하느라 스트레스를 받고, 정작 살은 하나도 빼지 못한다. 완벽한 계획을 짜려고 애쓰다가 스트레스 탓에 오히려 몇 킬로그램 더 늘었을지도 모른다.

그러면 '2퍼센트 차이 만들기' 원칙은 무엇이고, 어떻게 적용하는가? 내가 생방송으로 진행한 워크숍에서 한 방청객이 다이어트가 목표라고 했을 때 적용한 방법은 다음과 같다. 나는 그 사람에게 할 수 있는 만큼 팔굽혀펴기를 해보라고 했다. 그 사람이 언제 해야 하느냐고 묻자 나는 이렇게 대답했다. "지금 당장이요." 그러자 그 사람이 다시 물었다. "지금 사람들이 보는 앞에서 하라고요?" 이에 나도 다시 답했다. "네, 지금 당장 해보세요." 그 사람은 의자에서 내려와 바닥에 엎드려 더는 할 수 없을 만큼 팔굽혀펴기를 했다.

지금 당장 팔굽혀펴기를 열다섯 번 한다면 다이어트 목표를 이루는 데 의미 있는 차이가 생길까? 답은 반반이다. 운동은 꾸준히 해야 효과가 있으므로, 만약 그 사람이 다음에 또 운동하지 않는다면 지금 이 열다섯 번은 어떤 차이도 만들어내지 못할 것이다. 하지만 가장 중요한 실행 단계를 밟았기 때문에, 그는 아이디어를 즉시 행동에 옮길 수 있다는 사실을 배웠다. 이에 더해 2퍼센트 차이를 만들어내는 원칙을 삶에 적용했다.

그 사람은 팔굽혀펴기를 습관으로 만들 수 있을까? 그야 모를 일이다. 여기서 중요한 건 그게 아니다. 그 사람이 운동을 꾸준히 한다면 스스로 답을 찾게 된다. 당신도 마찬가지다. 계획이란 우리가 행동으로 옮길 때 구체화된다. 사람들은 대체로 지나치게 생각이 많고, 계획을 세우는 데 과도하게 매달리고, 스트레스를 너무 받아 앞으로 나가지 못한다. 하지만 그 사람은 계획을 세우는 대신 곧바로 실행하고 앞으로 나아갔다. 실행력을 얻고 자신이 바라는 목표를 실현하는 여정에 오른 것이다.

단 2퍼센트만 차이를 만든다면 목표를 이루는 여정을 앞당길 수 있다. 언제 시작해야 할까? 바로 지금이다!

좋은 아이디어를 언제까지 혼자만
간직할 셈인가?

나는 생방송에서 '2퍼센트 차이 만들기'를 설명하며 방청객들에게 물었다. "아이디어가 있는데 실행하지 않고 1년 넘게 간직하신 분 계세요?" 그러자 거의 모든 사람이 손을 들었다. "5년 넘게 간직하신 분은요?" 이들 가운데 절반가량이 손을 내렸다. 마지막으로 이렇게 물었다. "그러면 10년 넘게 간직하신 분도 계세요?" 그러자 남은 이들 가운데 대다수가 손을 내렸다.

맨 앞줄에 앉아 끝까지 손을 내리지 않은 여성 한 분이 눈에 띄었다. 나는 그녀에게 다가가 그게 무슨 아이디어인지 물었다. 그 여성은 작곡가였는데, 남이 부르는 노래 말고 자신이 직접 부를 노래를 써보고 싶다고 했다. 멋진 생각이다. 얼마나 오랫동안 그 생각을 품고 있었느냐고 묻자, 그녀는 이렇게 답했다. "십 년도 훨씬 넘었죠." 나는 그 여성에게 간단한 실험을 해보자고 했다. 앞으로 7분 동안 내가 무슨 말을 하든지 무시하라고 말이다. "앞으로 7분간 제가 하는 말은 무시하세요. 그 사이에 당신이 부를 가사를 써보는 겁니다. 제가 떠드는 소리를 듣는 것보다 훨씬 큰 도움이 될 거예요."

그 여성은 내 말대로 가사를 쓰기 시작했다.

7분 후, 작업이 어떻게 됐는지 물었다. 그 여성은 이렇게 답했다. "마음이 가는 대로 몇 줄 써봤어요." 나는 그녀에게 부탁했다. "아주 좋아요! 이리 와서 우리에게 노래를 들려줄 수 있을까요?"

그러자 그녀는 이렇게 답했다. "노래를 부르라고요? 아직 곡조는 생각하지도 못했어요. 가사를 몇 줄 적은 게 전부예요. 어떻게 노래를 부르겠어요?" 내가 말했다. "완벽할 필요는 없어요. 그냥 떠오르는 대로 불러보세요." 그녀는 무대에 올라왔고 청중이 박수를 보내자 노래를 몇 마디 불렀다.

노래를 마친 그녀는 눈물을 뚝뚝 흘렸다. 내가 말했다. "노래가 정말 멋졌어요! 왜 우는지 말씀해주시겠어요?" 그녀는 이렇게 대답했다. "내 노래를 만들겠다는 꿈을 품은 지 수십 년이 지났는데, 방금 몇 분 동안 그 수십 년보다 더 많은 일을 해냈기 때문이에요. 정말이지 믿기지 않네요. 감사해요!"

이게 바로 2퍼센트 차이를 만드는 행동이다. 수십 년 동안 혼자서 아이디어를 간직한 이 여성만큼은 아닐지라도, 꿈을 뒤로 미룰 때마다 실행력을 잃어버리게 된다. 당신은 자신에게 아이디어를 실행할 능력이 있음을 안다. 마음속으로는 그 아이디어가 자신에게 꼭 맞는다는 사실도 안다. 머리가 건네는 걱정스러운 말을 거부하고 곧바로 실행해야 한다. 내 경험상, 이럴 땐 '100퍼센트 완벽한 계획은 필요 없어'라고 다짐하는 게 좋다. 먼저 2퍼센트 차이만 만들면 된다. 지금 당장 '2퍼센트 차이 만들기' 원칙을 적용하라. 그리고 일에 실행력이 붙어 자연스레 앞으로 나아가는 모습을 직접 확인해보자. 실행력을 얻고 아이디어가 궤도에 진입하면 비로소 다음 계획을 세우는 데 집중하자.

#2
행동 둘

계획에 5%,
실행에 '95%'

나는 계획을 세울 때 '5퍼센트 대 95퍼센트' 원칙을 따른다. 전체 시간 중 5퍼센트만 계획 세우기에 쓰고, 나머지 95퍼센트는 실행에 쓴다는 규칙이다.

사람들은 대체로 계획 세우기에 일가견이 있다. 앞으로 만들 세상, 할 수 있는 일과 가능성을 상상하길 좋아한다. 하지만 막상 실행할 때가 되면 두려움과 불안감, 의구심이 물밀듯이 쏟아진다. 계획을 세우는 시간이 훨씬 흥미진진한 까닭은, 그땐 모든 게 가능해 보이기 때문이다. 하지만 실행에 나서면 눈에 보이는 모든 게 걸림돌이 된다.

침대 부수기

어떤 사람들은 자료 수집을 위해 갖가지 강연회에 참여하고, 책을 읽고, 영상을 본다. 하지만 그러고 나서 아무것도 실행하지 않기에 삶은 조금도 바뀌지 않는다.

좋은 책을 읽을 때면 저자가 불어넣은 에너지에 사로잡혀 못 할 일이 없어 보인다. 에너지가 솟구친다! 하지만 책을 다 읽고 의욕이 썰물처럼 빠져나가면 아이디어를 실행하는 대신 다른 책을 찾아 또 읽는다. 그편이 훨씬 쉽기 때문이다. 사람들은 가능성에 취할 때 나오는 도파민에 중독돼 있다.

책을 읽기만 해서는 아무것도 바뀌지 않는다. 사람들은 책을 읽는 것만으로 아이디어가 진전했다고 생각한다. 절대 그렇지 않다. 아이디어를 실행하지 않으면 진전도 없다. 책을 읽을 때 좋은 점은 아이디어를 실행하려는 의욕이 생긴다는 것이다. 더 나은 계획을 세우는 데도 유용하다. 아이디어를 꾸준히 실행하는 데도 도움이 된다. 하지만 책만 읽는 것과 실제로 행동하는 건 별개다.

이것이 '5퍼센트 대 95퍼센트' 원칙이 필요한 이유다. 시간을 투자할 때 계획에는 5퍼센트, 실행에는 95퍼센트를 써야 한다. 가장 좋은 방법은 아이디어가 떠오를 때마다 2퍼센트 차이 원칙을 적용해 실행력을 키우는 것이다. 그러면 구체적인 실행 계획을 세우는 데 유용한 초기 정보를 얻을 수 있다.

일례로 이 책을 읽고 의욕이 생겼다면, 가장 좋은 행동은 독서를 멈추는 것이다. 그런 사람에게 필요한 건 또 다른 전략이나 도구가 아니라 당장 움직이는 실행력이다. 이 책을 내려놓고 밖에 나가서 아이디어를 실행하고, 다음번 아이디어를 준비할 때 돌아오길 바란다. 나는 여기서 기다리겠다.

주어진 시간 중 95퍼센트를 행동에 쏟는다면 엄청난 실행력을 일으킬 수 있다. 아이디어를 실행하는 초기에는 효율성이 떨어지기 마련이다. 그래도 상관없다. 처음부터 효율적인 결과를 추구하는 건 금물이다. 창의성이란 본질적으로 효율성과 거리가 멀다. 창의적인 아이디어를 발전시키는 과정은 어수선하다. 처음에 나오는 결과물이 비효율적이라도 자신을 탓하지 말자. 신속하고 과감한 실행에서 얻은 경험을 바탕으로 더 나은 계획을 세워야 한다.

아이디어를 구현하는 과정에서 몇 가지 일을 시도해보면 어떤 방법이 효과적인지, 자신이 어떤 일을 즐기는지 알게 된다. 이를 기반으로 신속하게 다음 계획을 세우고, 곧장 실행한 뒤 보완하는 과정을 되풀이해야 한다. 계획을 세울 땐 주어진 시간 중 5퍼센트만 쓰고, 나머지 95퍼센트는 실행하는 데 써야 한다. 5퍼센트 대 95퍼센트 원칙을 적용하고 목표를 이루기까지 솟아나는 실행력을 직접 확인하길 바란다!

5퍼센트 대 95퍼센트 원칙으로 책 쓰는 법

키이라가 책을 써보라고 권했을 때, 내 머릿속은 자연스레 생각으로 가득 찼다. '자, 책을 쓰려면 구조를 갖춰야겠지? 책에서 다룰 주제를 정하고 각 장과 문단, 단락을 어떻게 구성할지 생각해야 해. 독자들과 어떤 이야기를 나눌지, 어떤 사람을 소개할지, 어떤 사례를 들어 설명할지도 정해야 해.' 이렇게 이런저런 생각이 꼬리에 꼬리를 물었다.

책을 8주 안에 완성해야 했기에, 이 모든 질문의 답을 미리 정하는 대신 곧바로 글을 쓰기 시작했다. '실행력'을 주제로 책을 쓸 생각이었다.

과연 어떻게 됐을까? 책은 차츰 구조를 갖추기 시작했다! 예전에 첫 번째 책을 쓸 땐 온갖 요소를 고려하며 꼼꼼히 계획하는 과정을 거쳤고, 결국 그 책을 쓰는 데 1년이나 걸렸다. 하지만 이번에는 계획보다 실행에 더 많은 시간을 쏟은 덕분에 비교도 못 할 만큼 짧은 기간에 원고를 써냈다.

내가 쓴 초고는 완벽했을까? 전혀 그렇지 않다. 그렇다면 다시 돌아가서 원고를 고쳐야 했을까? 물론이다. 집필을 시작하기 전에 책의 전개와 구조를 파악하고 예상할 수 있었을까? 아니, 예상하지 못했다. 이 점이 결정적인 차이다. 나는 우선 글을 쓰기 시작함으로써 어떤 방식이 효과적인지 감을 잡았다. 그 후에 계획다운 계획을 세웠다.

그러니까 책 쓰는 일은 이렇게 펼쳐졌다. 나는 어제 자리에 앉아 글을 썼다. 얼마 동안 글을 쓸지, 얼마나 많이 쓸지 아무것도 정한 게 없었다. 새 책을 쓰고 있다는 소식을 X에 올리자 어떤 사람이 책을 한 권 쓰면 분량이 얼마나 되는지 물었다. 나는 모르겠다고 답했다. 그저 글을 쓰는 데 집중했다.

나는 5,000단어 넘게 글을 썼다. 이로써 첫 번째 장을 완성했고, 아침마다 되새기는 7가지 다짐을 다뤘다. 7가지나 될 줄은 몰랐다. 그저 글을 쓰다 보니 그런 결과가 나왔고, 그날은 거기서 멈췄다. 그러고 나서 아내 니나와 산책했다.

토론토 날씨는 화창했다. 아내와 나는 개들을 데리고 공원을 돌며 햇볕을 쬤다. 고작 몇 분이라도, 햇볕이 사람에게 미치는 영향은 참으로 놀랍다.

산책하는 동안 머릿속에서는 책을 어떻게 구성할지 몇 가지 아이디어가 떠올랐다. 나는 실행력을 일으키기 위해 마음가짐을 바꾸라는 아이디어로 책을 쓰기 시작했지만, 그 얘기만으로 끝내고 싶지는 않았다. 구체적으로 어떻게 행동해야 하는지도 알려주고 싶었다.

침대에서 벗어나기 위한 7가지 행동을 제시하면 어떨까?

> **@EvanCarmichael**
> 음…… 새 책을 쓰게 될 것 같다. 오늘 5,600단어를 썼다. 아자!

> **@JPMaroney**
> 책을 한 권 쓰면 분량은 어느 정도 되나요?

> **@EvanCarmichael**
> 솔직히 모르겠네요. 제 기억으로는 30,000단어에서 35,000단어 정도인데, 지금은 그저 글을 쓰는 데 집중하고 있어요.

그다음에는 사람들에게 뭐가 필요할까? 일단 실행력을 얻었으면 그 힘을 지키는 것도 중요하지 않을까? 그렇다면 잠드는 순간까지 지킬 7가지 습관을 제시하는 게 좋겠다. 그다음에는 성취욕이 많고 크게 도약할 준비가 된 사람들에게 실행형 인간을 위한 7가지 전략을 알려주면 어떨까? 사람들은 대체로 관점을 바꾸길 어려워하는데, 진심으로 성장하고 싶다는 각오가 있다면 큰 도움이 될 것이다.

마지막으로, 주제가 실행력이니만큼 세상에서 가장 크게 성공한 사람들이 처음에 어떻게 실행력을 얻었는지 알려주면 어떨까? 그들이 어떤 사람들이고, 어디 출신이고, 아이디어를 실행할 때 가장 먼저 한 일이 뭐였는지 다루면 어떨까? 얼마나 많은 사람을 소개해야 할까? 7명? 10명? 50명? 254 명? 356명?

순식간에 계획을 세웠다. 이대로 각 장을 나누면 될까? 아직은 확실치 않다. 각 장을 쓸 때마다 인위적인 느낌 없이 7가지 항목으로 주제를 설명할 수 있을까? 될 것 같다. 하지만 그 문제는 아직 중요하지 않다. 중요한 건 어제 아무 계획도 없이 글을 쓰기 시작했고, 일단 실행하고 나서야 다음에 뭘 할지 새로운 계획이 떠올랐다는 사실이다.

오늘도 나는 컴퓨터 앞에 앉아 아이디어를 실행에 옮긴다. 글을 쓰고 다시 니나와 산책하러 나가서 그 시간에 새로운 계획을 세울 것이다. 아무것도 바꾸지 않고 그대로 집필할 수도 있다. 아니면 책 내용을 전부 바꿀지도 모른다. 아직은 어떻게 될지 모르지만, 자리에 가만히 앉아서 일이 어떻게 될지 상상만 하기보다는 계획을 곧바로 실행하고 지속할 때 더 많은 걸 알게 된다.

이것이 5퍼센트 대 95퍼센트 원칙이 작동하는 방식이다. 계획을 세우지 말라는 뜻이 아니다. 일단 시작해서 실행력을 얻는 게 중요하다. 그러면 더욱 유용한 계획을 세울 수 있다.

누구에게나 멋진 아이디어가 떠오르는 순간이 있다. 자신에게서 놀라운 아이디어가 흘러나온다는 사실을 믿어야 한다. 2퍼센트 차이 원칙에 따라 아이디어를 실행해야 한다. 완벽한 계획을 세우지 못했다고 자책할 필요가 없다. 우선 실행에 옮긴 뒤 해낸 일을 평가하고, 어떤 기분이 드는지 살피고, 앞으로 며칠간 어떻게 할지 간단한 계획을 세우자. 그다음 다시 행동하고, 평가하고, 개선하는 과정을 거치며 실행력을 키워야 한다.

이 과정을 되풀이할 때마다 더 나은 계획을 세우고 실행 방안을 구체화해 원하는 결과를 빨리 얻을 수 있다. 타인의 성공담을 읽던 사람이 본인의 성공담을 쓰는 사람으로 성장하게 된다. 나중에는 성공담을 책으로 내서 또 다른 사람들에게 영감을 줄지도 모를 일이다!

아이디어가 생기면 실행하라. 처음에는 당연히 어설프고 형편없을 것이다. 그래도 계속 시도하며 앞으로 나아가야 한다.

#3
행동 셋

처참한 결과를
각오하라

어떤 여정이든 처음에는 어설프기 마련이다. 실수도 많이 하고, 뭘 해야 할지도 모르겠고, 한 발 나아갈 때마다 쑥스럽고 어색하기도 할 것이다. 좋은 일이다!

문제는 어떤 결과물이 '좋은지' 스스로 안다는 데 있다. 우리는 어떤 책이 좋은 책인지 안다. 어떤 그림이 좋은 그림인지 안다. 어떤 노래가 좋은 노래인지 안다. 자신이 좋아하는 대상이라면 무엇이 좋고 나쁜지 구별하는 기준이 있다. 팟캐스트를 만들든, 유튜브 채널을 열든, 책을 쓰든, 다른 어떤 일을 하든 우리는 좋은 결과물이 뭔지 안다.

어떤 일에 새로 도전한다면 처음부터 좋은 결과가 나오리라고 기대하는 건 금물이다. 하지만 사람들은 적어도 평균 수준은 돼야 한다고 생각한다.

작가가 되는 게 당신의 꿈이라고 생각해보자. 멋진 일이다. 틀림없이 당신에겐 좋아하는 작가가 있을 것이다. 내가 당신에게 어떤 작가가 훌륭한지 물어보면 당신이 좋아하는 작가들이 누구인지, 그들이 훌륭한 이유는 무엇인지도 설명할 수 있을 것이다.

이를테면 당신이 가장 좋아하는 작가가 마야 안젤루**Maya Angelou**라고 하자. 당신에겐 안젤루가 A+ 등급 작가다. 좋다! 이제 당신이 책상에 앉아 처음으로 글을 쓴다고 가정해보자. 처음부터 안젤루만큼 탁월한 작품을 쓰리라고 기대하지는 않을 것이다. 적어도 아직은 그런 기대를 품지 않는다. 앞으로 많이 배우고 발전해야 한다는 사실을 안다.

하지만 그렇다고 형편없는 결과물을 기대하지도 않을 것이다. 아무리 못해도 B나 C 등급 정도는 기대한다. 좋은 작품을 보는 안목과 취향을 지닌 만큼, 자신이 쓰는 작품이 적어도 평균 수준은 되리라 생각하는 것이다. 그렇지 않은가?

그리고 사건은 이렇게 펼쳐진다. 컴퓨터 앞에 앉아 첫 페이지를 쓰기 시작한다. 텅 빈 화면이 눈에 들어온다. 뭘 써야 할지 모르겠다. 어쨌든 시작한다. 첫 페이지를 채우고 다시 읽어 보니 자신의 글이 예상보다 형편없다는 걸 깨닫는다. 마야 안젤루 수준은 언감생심, B나 C 등급에도 못 미친다. 그냥 낙제점이다. F- 라는 점수가 있다면 여기에 매겨야 할 정도로 처참한 수준이다.

이런 일을 경험한 적 있는가? 사람들은 대체로 이 지점에서 포기한다. 아이디어를 실행했는데 초고가 형편없다는 걸 확인했으니 이 일은 '나와 맞지 않는' 게 틀림없다고 여긴다. 그러면 글쓰기는 접고 다른 일로 넘어가야 할까? 아니, 그렇지 않다!

관점을 뒤집어야 한다. 처음에는 당연히 형편없으리라고 생각하자. 처음으로 대면할 결과물은 모든 면에서 창피한 수준일 거라고 각오해야 한다. 일곱 살짜리가 한 것보다 못하리라고 미리 마음먹는 것이다. 아이디어를 처음으로 실행할 땐 절대로 좋은 결과물을 기대하면 안 된다.

형편없는 결과를 각오하라는 이 말은 자신을 형편없는 인간으로 여기라는 뜻이 아니다. 아직 역량이 부족하다는 걸 인정하라는 말일 뿐이다. 역량은 다양한 방법으로 키울 수 있다. 아이디어를 처음 실행한 결과가 형편없으리라고 각오하는 사람에겐 새로운 일을 실행하고, 맛보고, 시험하고, 시도할 힘이 생긴다. 아울러 아이디어에 생명을 불어넣을 때 없어서는 안 될 실행력을 얻는다. 처음부터 완벽해야 한다는 기대에서 벗어나면 비로소 놀라운 일을 벌일 수 있다. 내가 처음에 얼마나 형편없었는지 예를 들어보겠다.

끔찍이도 형편없었던 첫 팟캐스트 방송

텍사스 사막을 지나던 중에 내 친구 마크 드라거**Mark Drager**와 팟캐스트를 해보면 좋겠다는 아이디어가 떠올랐다. 그때 나는 텍사스를 거쳐 다음 목적지로 가는 길이었는데, 웬일인지 갑자기 그런 아이디어가 떠오른 것이다.

무엇 때문에 팟캐스트를 떠올렸을까? 나는 평소에 팟캐스트 방송을 듣지도 않았다. 그때 나는 여행 중이었고 방송을 제작할 시간도 전혀 없었다. 장비도 없었고 방송에서 무슨 이야기를 해야 할지도 몰랐다.

아이디어가 떠오르자 내 머리는 곧바로 이런저런 걸림돌을 따지며 실행하지 못하게 막았다. 나는 소신을 따르기로 했다. 내게서 놀라운 아이디어가 흘러나온다는 사실을 믿었다. 2퍼센트 차이 원칙을 어떻게 적용하면 좋을지 생각했고,

니나에게 말했다. "지금 마크와 통화해야겠어."

아내가 마크의 연락처를 찾았고, 몇 분 뒤 통화가 이뤄졌다. "마크! 함께 팟캐스트 방송을 시작했으면 하는데." 내 목소리는 상기돼 있었다. 마크가 대답했다. "좋지! 기꺼이 하고말고. 실은 나도 너랑 팟캐스트 방송을 해볼까 했는데, 네가거절할 것 같았거든. 언제 시작하고 싶어? 네가 두세 달 후에여행을 마치고 돌아올 테니 나도 그때까지 모든 걸 준비해둘게!" 나는 이렇게 대답했다. "마크, 두세 달이라고? 오늘 저녁에 바로 시작하자! 뉴멕시코 숙소에 도착하면 인터넷이 잘되니까 첫 번째 에피소드를 올릴 수 있을 거야."

마크가 말했다. "오늘 저녁? 정신 나갔어? 팟캐스트 하나찍는 데 고민할 게 얼마나 많은지 알아? 프로그램 구성, 주제, 질문, 녹화 방식……. 결정할 게 백만 가지는 된다니까!"
내가 말했다. "마크, 그냥 오늘은 형편없을 거라고 생각해.오늘 저녁에 시작하지 않으면 영영 못 할지도 몰라. 두세 달후에는 수십 년쯤 지난 것 같을 거야. 나는 앞으로 몇 시간이면 숙소에 도착할 테니 그사이에 계획해봐. 오늘 첫 번째 에피소드를 녹음하자. 결과는 형편없을 테지만 그냥 하는 거야. 우리에게 필요한 건 실행력뿐이야!"

우리는 그렇게 팟캐스트를 시작했다. 나는 차를 세우고

숙소에 들어가 첫 번째 에피소드를 녹음했다. 결과는 형편없었다. 처참한 수준은 아니었지만 우리의 역량이나 가능성에 비하면 모든 면에서 실망스럽기 그지없었다. 그래도 아이디어를 실행했다는 사실이 뿌듯했다. 우리는 몇 년간 팟캐스트 방송을 운영했고, 결과물은 회를 거듭할수록 나아졌다.

마크가 주제를 선정하고 질문을 던지는 솜씨는 갈수록 늘었다. 우리는 5퍼센트 대 95퍼센트 원칙을 적용해 에피소드마다 경험을 쌓았고, 이를 기반으로 매회 에피소드를 개선해 나갔다.

방송에 음악을 추가했고, 마크는 몇 가지 그래픽 이미지를 만들었다. 에피소드를 유튜브 영상으로 바꾸기도 했고 시청자들과 생방송도 했다. 우리는 방송을 즐기며 실력이 나날이 좋아졌고, 사람들에게 더 큰 영향을 미칠 수 있었다.

만약 최고 인기 팟캐스트 방송들만 바라보며 겁을 집어먹거나 우리와 비교하며 자책했다면 마크와 나는 팟캐스트를 이어가지 못했을 것이다.

형편없는 결과를 받아들이는 데 애를 먹고 있다면 세상에 전하고 싶은 메시지가 뭔지 생각해보자.

사람들에게 전하고 싶은
메시지가 무엇인가?

아이디어를 실행할 때, 처음에는 형편없는 결과를 각오해야 한다고 말하면 사람들은 머리로는 쉽게 이해하지만 가슴으로는 받아들이기 어려워한다. 기대 이하인 성적을 내고 싶은 사람은 없기 때문이다!

이 문제를 타개할 쉬운 방법이 있다. 어떤 사람이 같은 문제로 당신에게 조언을 구하면 뭐라고 대답할지 생각해보는 것이다. 이를테면 자녀나 친구가 당신에게 고민을 털어놓는다고 하자. 목표를 위해 앞으로 나아가고 싶은데 결과가 형편없을까 봐 두렵다고 말이다. 이때 당신은 상대에게 뭐라 말해주고 싶은가?

"준비가 완벽하지 않으면 아무것도 시작해선 안 돼." 이렇게 말해주고 싶은가? 당연히 아닐 것이다. 일단 시작해보라 말해주고 싶을 것이다. 남들이 하는 말은 개의치 말라 조언해주고 싶을 것이다. 포기하지 않고 나아가면 어떤 일이든 해낼 수 있다며 격려해주고 싶을 것이다. 처음에는 결과가 신통치 않더라도, 이루고 싶은 꿈이라면 끈기 있게 나아가야 한다고 조언할 것이다.

그런데 사람들은 자기 자신에겐 이렇게 말해주지 않는다. 정작 본인이 이 조언을 따르지 않는다. 가족이나 주변 사람들에게 영감을 불어넣고 싶은가? 그러려면 말이 아닌 행동으로 보여줘야 한다. 꿈을 좇으라고 격려하는 사람이 정작 자신은 두려워서 꿈을 따르지 않는다면 그 조언을 들을 이유가 없지 않은가. 사람들의 마음을 움직이는 힘은 말이 아니라 행동에 있다. 그러니 지금 당장 이불을 박차고 나와라.

자, 이제 상황을 바꿔 당신이 처음 시도한 일에서 탁월한 결과를 냈다고 하자. 당신이 만든 영상, 책, 강연, 노래 등 뭐든지 처음부터 훌륭했다고 가정해보자. 흠잡을 데 없이 결과가 좋았다. 말하자면 A+ 등급이었다고 하자.

이 경우 당신의 말이 사람들에게 힘이 될까? 당신이 누군가에게 일단 저지르고 봐야 한다고 조언한다 치자. 그 조언을 들은 사람이 당신은 어떻게 했는지 살펴보고, 당신이 처음부터 흠잡을 데 없이 훌륭했다는 사실을 알면 기분이 어떨까? 아마 자신감을 잃고 낙담할 것이다. 처음부터 완벽한 성공담이라면 사람들이 공감하기 힘들다. 뭘 하든 멋진 결과를 내는 사람들을 보면 엄청난 재능을 타고난 천재라고 생각하기 마련이다. 하지만 그 누구라도 처음부터 잘할 리가 없지 않은가. 그러니까 처음에는 형편없는 결과를 내도 걱정할 것

없다. 오히려 그래야 사람들이 친밀감을 느끼고 당신이 하는 이야기에 공감하며 영감을 얻을 수 있다.

이렇게 관점을 바꿔보면 형편없는 결과를 각오할 수 있다. 당신에게 소중한 사람이 언젠가 조언을 구한다면, 당신은 '내가 처음에 어땠는지' 알아보라고 말해줄 수 있을 것이다. 돌아보면 정말로 형편없었고, 뭘 해야 하는지도 몰랐고, 모든 게 엉망이었지만 그냥 시작했고, 멈추지 않았고, 꿈을 포기하지 않았다고 말이다.

오늘 당신이 각오한 형편없는 결과가 미래 세대에겐 따뜻한 격려가 될 것이다. 처음에는 어설퍼도 좋으니 과감하게 아이디어를 실행해보라고 말이다. 우리가 하는 일이 세상을 돕는 일로 커질 수 있다면, 우리는 그 일을 끝까지 해낼 힘을 얻는다.

이제 당당하게 시작하는 법을 배워보자. 아이디어를 실행할 때, 시작 단계에서 앞으로 자신이 할 일이 뭔지 다른 사람들에게 선언하면 그 말이 강한 힘을 발휘해 목표를 완수할 가능성을 높일 수 있다.

#4
행동 넷

목소리 큰
허풍쟁이가 해낸다

사람들은 뭔가 결심하고 나서 스스로 기대를 저버릴 때가 많다. 당신도 어떤 일을 하겠다 다짐해놓고 몇 번이나 그 약속을 저버리지는 않았는가? 우리는 글을 쓰겠다고, 중요한 전화를 걸겠다고, 강연에 신청서를 내겠다고, 운동을 시작하겠다고 다짐한다. 하지만 막상 행동으로 옮길 때가 되면 실행하지 않는다. 나도 마찬가지다. 다들 그런 경험이 있을 것이다.

나는 지금까지 수많은 기업인과 일했다. 모든 일을 혼자서 처리하려고 애쓰다가 목표를 이루는 과정이 훨씬 어려워지는 경우를 숱하게 봤다. 아이디어를 혼자서 은밀히 실행하려고 하면 앞으로 나아가기가 어렵다. 그러나 일거수일투족을 지켜보는 상사가 있으면 맡은 일을 끝까지 해내곤 한다. 회사에서 해고당하기는 싫기 때문이다. 그렇다면 이런 상사를 스스로 찾아낼 수도 있을까?

간단한 방법이 있다. 어떤 아이디어를 실행하기로 마음먹은 순간, 그 사실을 다른 사람에게 선언하는 것이다. 나는 키이라와 시청자들 앞에서 생방송을 진행하며 이 책을 8주 안에 완성하겠다고 선언했다! 팟캐스트 방송을 해야겠다는 아이디어를 떠올렸을 때도 마크에게 전화해 그날 바로 시작하자고 선언했다. 다른 사람에게 자신의 아이디어를 알리고 결심한 바를 선언하면 그 일을 끝까지 해낼 가능성이 커진다. 자기 자신만이라면 몰라도 다른 사람들까지 실망시키고 싶진 않기 때문이다.

다른 사람들에게 선언하는 아이디어와 계획이 완벽하지 않아도 좋다. 자신에게서 놀라운 아이디어가 흘러나온다는 사실을 믿고, 2퍼센트 차이 원칙에 따라 일단 시작하고, 5퍼센트 대 95퍼센트 원칙에 따라 실행하면 다음 단계에서는 더 나은 계획을 세울 수 있다.

다음번에 실현하고 싶은 아이디어가 떠오르면 이렇게 해

보자. 먼저 '누가 나를 도와줄 수 있을까?'라고 자문한 뒤 사람들의 이름을 적는다. 그러고 나서 그 사람들에게 연락한다. 당신이 떠올린 아이디어가 뭔지 설명한다. 그 사람들에게 어떤 도움을 받고 싶은지 말한다. 아이디어를 실현하는 과정을 함께하고 싶다고 제안한다. 만약 새벽 3시에 아이디어가 떠올라서 곧바로 통화하기 어렵다면 아이디어에 관해 이야기를 나누고 싶다는 메시지를 보낸다. 이튿날 아침에 일어나면 아이디어가 신통치 않은 것 같다는 의구심이 슬금슬금 밀려들지도 모른다. 하지만 이미 통화하고 싶다는 약속을 했기에 일을 진행하게 될 것이다. 약속을 깨서 상대방을 실망시키고 싶진 않기 때문이다. 자신의 결심을 공개 선언하면 아이디어를 실현하는 데 없어서는 안 될 조건을 충족하게 된다. 다름 아닌 실행력이다.

팟캐스트 방송을 시작하고 싶은가? 함께 진행할 사람을 구하거나 첫 번째 에피소드를 도와줄 손님을 섭외하자. 처음으로 책을 쓰고 싶은가? 같은 꿈을 꾸는 친구를 만나보자. 운동 습관을 기르고 싶은가? 친구에게 연락해 내일 아침 헬스장이나 집 앞에서 만나 함께 운동하자고 약속하자.

상대가 나와 끝까지 갈지 말지는 중요치 않다. 완벽한 상대를 골랐는지도 걱정할 것 없다. 한 차례 운동했는데 일정이 맞지 않아 더는 함께하지 못할 수도 있다. 괜찮다. 다음 주에 또 다른 사람을 찾으면 된다. 아이디어를 위한 실행력을 얻었다는 사실이 중요하다. 실행력은 차이를 만드는 힘이다. 다른 사람에게 아이디어를 공개하고 선언하는 방법에는 어쩔 수 없이 행동하게 하는 효과가 있다.

나 역시 꿈꾸던 일을 포기할 뻔했지만, 사람들에게 내 생각을 공개하고 선언한 덕분에 끝까지 해낼 수 있었다.

포기할 뻔했던 순간

로스앤젤레스 기업인 콘퍼런스에서 강연한 적이 있다. 그런 행사장에서 내가 가장 좋아하는 일은 로비에서 시간을 보내는 것이다. 이상하게 들릴지 모르지만 나는 내성적이어서 자신이 어떤 사람인지 길게 소개하는 걸 싫어한다. 하지만 사람들을 돕는 일은 좋아한다. 그래서 선택한 전략은 되도록 빨리 본론으로 들어가 강연을 끝내고, 나중에 로비에서 사람들과 어울리며 강연에 관한 질문에 답하는 것이다. 무대에 올라 강연하는 시간은 어찌 보면 로비에서 이뤄질 건설적인 대화를 이끄는 촉매제다.

로스앤젤레스에서 열린 콘퍼런스는 정말로 특별했다. 모든 대화가 놀라웠다. 너무 몰입한 나머지 먹는 것도, 화장실 가는 것도, 심지어 잠자는 것조차 잊어버릴 정도였다. 매일 밤늦게까지 사람들과 토론하고 아침 일찍 일어났다. 매번 몸에서 열이 났지만 잠자리에 들기 전까지는 그런 줄도 몰랐다. 밤이 되면 그대로 침대에 쓰러져 잠이 들었다.

토론토로 돌아오는 비행기에서 기업인들을 일대일로 도울 방법을 찾아야겠다고 생각했다. 그 방법은 꾸준히 할 수 있어야 했고, 그러면서도 내 몸이 멀쩡히 버틸 수 있어야 했다. 그래서 떠올린 방법은 토론토에 있는 스튜디오로 기업인들을 초대하는 것이었다. 생방송을 진행하면서 기업인들이 궁금증을 해결하도록 도와주고, 시청자들도 방송을 보며 도움을 받으면 좋겠다고 생각했다.

그런데 재미난 일이 벌어지기 시작했다. 비행기가 토론토에 가까워질수록 아이디어가 부실하다는 생각이 고개를 들었다. 가슴이 아닌 머리가 생각을 지배하기 시작했다. 처음 떠올렸을 땐 고민할 것도 없이 훌륭한 아이디어라고 생각했다. 반드시 실행해야 한다고 믿어 의심치 않았다. 하지만 자리에 앉아 생각할수록 확신이 쪼그라들었다. 자신감이 100퍼센트에서 98퍼센트, 94퍼센트, 91퍼센트로 떨어졌다. '생방송에 나올 사람을 찾지 못하면 어떡하지?' 자신감이 89퍼센트, 87퍼센트, 83퍼센트로 또다시 떨어졌다. '내 일정은 이미 빡빡한데 이 일을 소화할 수 있을까?' 자신감이 77퍼센트, 75퍼센트, 72퍼센트로 썰물처럼 빠져나가는 걸 느꼈다. 지금 당장 실행하지 않으면 이 멋진 아이디어는 영영 묻힐 게 틀림없었다.

나는 속으로 주문을 외웠다. '네게서 놀라운 아이디어가 흘러나온다는 사실을 믿어.' 2퍼센트 차이 원칙을 적용하고, 다른 사람에게 아이디어를 선언함으로써 실행하는 단계로 들어가야 한다고 다짐했다.

금요일 저녁에 집으로 돌아가는 비행기를 타고 있었기 때문에, 월요일에 첫 번째 에피소드를 시작하기로 했다. 이를 시작으로 월요일부터 금요일까지 매주 5일간 생방송을 진행할 생각이었다.

나는 비행기에서 팀원들에게 문자를 보냈다. 기업인을 초대할 계획을 말하고 다음 주중에는 팀원들을 위해 시간을 내기가 어려울 거라고 알렸다. 나는 함께 일하는 촬영감독에게 연락해 시간을 정하고 월요일 촬영을 준비해달라고 했다. 그런 다음 토론토에 있는 지인들에게 연락해 새로 시작하는 방송에 출연할 의사가 있는지 물었고, 첫 주에 출연할 손님 5명

침대 부수기

을 구했다.

토론토에 착륙하기 전에 이 모든 일을 했다. 나는 아이디어를 실행하기로 다짐하고 팀원들에게 알렸다. 촬영감독과 약속을 잡았다. 그리고 방송에 출연할 손님 5명을 확보했다. 이제 끝까지 가는 수밖에 없었다. 시작하지도 않고 포기한다면 많은 사람을 실망시키게 된다! 그런데 예기치 못한 일이 벌어졌다.

바닥난 자신감을 100퍼센트로 끌어올리는 법

막상 월요일이 다가오자 방송을 하고 싶다는 마음이 싹 가셨다. 그때 나는 너무 바빴고, 이 아이디어를 실행하는 건 미친 짓이라는 생각이 들었다. 모두 없던 일로 돌리고 싶었다. 금요일 저녁만 해도 아이디어에 한 치의 의심도 없었는데, 월요일 아침이 되자 자신감은 말 그대로 0퍼센트가 됐다. 머리가 하는 말에 굴복해 이 일을 그만두고 싶었다.

아이디어가 처음 떠올랐을 때 자신감을 얻었다면 그 아이디어가 자신에게 꼭 맞는다는 걸 믿고, 그 즉시 다른 사람에게 공개 선언해야 한다. 이 과정이 중요한 이유는, 그러지 않으면 자신감이 금세 사라지기 때문이다.

나는 약속을 모두 취소하고 싶었지만 그러지 못했다. 그러기엔 너무 늦었다. 그래서 '이번 주만 해보고 끝내자'라고 생각했다. 이 어리석고 정신 나간 아이디어를 후딱 해치우고 벗어나면 된다고 생각했다. 스튜디오에 들어가자 촬영감독이 준비를 마치고 상기된 얼굴로 나를 맞았다. 그전에 비행기에서 손님으로 섭외한 기업인이 활짝 웃으며 나타났고 우리는 바로 촬영을 시작했다.

방송을 끝내고 나니 이런 생각이 들었다. "세상에, 대박이야!" 방송은 정말 즐거웠다! 너무 재미있었고, 무엇보다도 큰 의미가 있었다. 로스앤젤레스에서 느낀 에너지가 스튜디오에서 고스란히 살아났고, 이제는 그 에너지를 꾸준히 이어갈 방법도 생긴 것이다.

방송을 마치고 한 시간 전 상황을 돌아봤다. 그땐 이 방송을 하고 싶지 않았다. 금요일에는 자신감이 100퍼센트였는데 월요일 아침에는 0퍼센트로 바닥났다. 그런데 방송을 한 시간 하고 나자 다시 100퍼센트로 돌아왔다. 뇌가 얼마나 쉽게 우리를 속이는지 알게 됐다. 인간의 머리는 어떤 일을 해선 안 되는 이유를 늘어놓으며 우리를 소심하게 만드는 능력이 있다.

나는 지금 이 글을 쓰는 시점에도 주마다 수차례 생방송을 진행한다. 5퍼센트 대 95퍼센트 원칙에 따라 방송을 이끌어가면서 형식을 개선했고, 손님을 찾는 방식도 바꿨다.

아이디어를 실행에 옮기고 나서 더 나은 계획을 세울 수 있게 됐다. 이는 더 나은 실행력으로 이어졌다. 이제 생방송은 내가 좋아하는 일 중 하나다. 이 글을 쓰기 직전에도 생방송을 했다. 나는 생방송을 하면서 마음가짐을 가다듬는다. 이 마음은 더 나은 세상을 만드는 원동력이 된다.

하지만 나는 첫 방송 직전까지도 이 일을 포기하려고 했다. 어리석고 정신 나간 아이디어라고 생각했다. 이 일을 하겠노라고 모든 사람에게 선언하지만 않았다면 월요일 아침에 스튜디오로 들어가는 일은 없었을 것이다.

이 일을 시작하기 직전에 내 자신감은 0퍼센트였다. 하지만 몇 년이 지난 지금, 생방송은 내가 가장 재미있고 중요하게 여기는 일이 됐다. 머리가 시키는 말에 굴복해 이 아이디어를 버릴 뻔했다니 믿기지 않는다.

아이디어가 떠오르면 이를 실행하겠다고 선언할 사람을 찾아라. 친구, 동료, 가족, 고객, 시청자, 그 누구라도 좋다. 자신감이 넘칠 때 다른 사람들에게 결심을 선언하면 그들이 실망하는 게 두려워서라도 아이디어에 필요한 실행력을 발휘하게 된다. 우리 결심을 들은 사람들이 있다는 사실은 아이디어를 실현할 환경을 만들기까지 훌륭한 시작점이 된다.

2022년 6월 1일 업데이트
글쓰기 시간: 오후 3:00~오후 5:30

여기서 글을 멈추니 기분이 조금 이상하다. 어제 아침마다 되새기는 7가지 다짐을 정리했으니, 계획에 따르면 침대에서 벗어나기 위한 7가지 행동을 오늘 안에 모두 정리할 수 있으리라 생각했다. 그런데 어제와 비슷한 분량으로 글을 썼음에도 제2장이 예상보다 길어지고 있다. 여기서 내 경험담과 여러 사례를 더 많이 소개하는 이유는 독자들이 이 내용을 충분히 흡수했으면 하는 바람에서다. 이 7가지 행동 중 하나만 제대로 적용해도 실행력을 크게 끌어올릴 수 있다.

어제와 똑같은 시간대에 글을 썼다. 오후 3시부터 오후 5시 30분까지. 내겐 이 시간대가 글쓰기에 가장 좋은 때로 보인다. 나는 여기에도 5퍼센트 대 95퍼센트 원칙을 적용하고, 일을 진행할수록 더 나은 계획을 세운다!

머릿속이 이런저런 계산으로 복잡하다. 내일은 바쁜 날이다. 종일 회의가 잡혀서 글을 쓸 시간이 없다. 오후 3시에는 다른 약속이 있어서 글쓰기를 하루 쉬어야 한다. 하지만 실행력을 잃고 싶지 않다. 아직 이번 장을 마무리하지 못했는데 이 흐름을 놓치고 싶지 않다.

일단 실행력을 얻었으면, 우리가 할 일은 그 힘을 지키는 것이다. 나는 오래전부터 실행력을 꾸준하게 지키는 법을 익혔다. 그리고 이 가운데 몇 가지 습관을 글쓰기에 적용할 생각이다. 다음 장에서 이 내용을 공유하고자 한다. 무슨 습관인지 궁금한가? 책을 덮지 않으면 확인하게 될 것이다! 일단 지금은 오늘 6,349단어를 썼다는 사실을 자축하고, 니나와 산책하면서 또 어떤 영감이 떠오르는지 살펴볼 생각이다.

2022년 6월 2일 업데이트

오후 3시가 됐다. 원래 오늘은 글을 쓸 시간이 없었다. 수십억대 매출을 달성하고 다음 단계로 도약하는 기업인들이 모여 만든 '온라인 마스터마인드 그룹'을 모시고 강연할 예정이었다. 그런데 몇 시간 전에 이 그룹을 만든 기업인에게 응급

상황이 생겨서 일정이 취소됐다. 나쁜 소식이다. 그 사람이
무사하길 바란다.

어쨌든 내게 알맞은 황금 시간대가 열렸다. 글을 쓸 시간
이다! 어제의 글쓰기 흐름을 그새 다 잊어버렸을 거라는 두
려운 목소리가 들리지만 귀 기울이지 않을 작정이다. 지금
내게 필요한 건 실행력이다. 그저 생각이 나는 대로 글을 쓸
것이다. 시작해보자!

#5
행동 다섯

에너지를 빨아먹는
기생충 죽이기

환경이 중요하다. 그냥 하는 말이 아니라 정말로 중요하다. 어렸을 땐 모든 게 가능했다. 이루고 싶은 꿈, 하고 싶은 일, 멋지게 계획한 미래……. 이 모든 게 현실로 이뤄질 줄 알았다. 내 꿈은 켈리 그루버 같은 야구선수가 돼 토론토 야구팀 블루제이스에서 뛰다가 은퇴하고 나면 경찰관이 되는 거였다.

살다가 어느 시점에 이르면 순진무구한 상상력이 현실의 벽에 부딪친다. 그만 철 좀 들라거나 현실 감각을 찾으라는 핀잔을 자주 듣게 된다. 자신감이 쪼그라들고 자신이 뭔가

침대 부수기

창조할 수 있다는 믿음도 사라진다. 하지만 '넌 못 해'라고 말하는 부정적인 목소리는 진짜 '나'의 목소리가 아니다. 머릿속에서 들리는 부정적인 생각은 모두 밖에서 주입된 것이다. 이는 바로 우리 주변 사람들이 심은 못된 목소리다.

신념과 마음가짐, 행동을 바꾸는 가장 빠른 방법은 환경을 바꾸는 것이다. 일본어를 배우고 싶은가? 좋다. 가장 빠른 방법은 일본에 가는 것이다. 교재나 앱으로 배우는 방법도 도움은 되지만 속도가 느리다. 결과를 빨리 내고 싶다면 환경을 바꿔야 한다.

우리는 환경의 산물이다. 만나는 사람, 시청하는 방송, 소비하는 미디어, 입는 옷, 벽에 걸린 장식을 비롯해 주변을 둘러싼 모든 게 현재의 우리를 빚어낸다. 삶을 개선하고 싶다면 먼저 환경을 개선해야 한다.

이렇게 말하는 독자도 있을지 모른다. "에번, 당신에게야 쉬운 일이겠죠. 하지만 나는 당신이 하는 것처럼 대단한 사람들에게 다가갈 수 없어요. 당신 채널에서 인터뷰한 사람들에게 도움을 청할 수가 없다고요." 이 말도 틀린 건 아니지만, 나 역시 처음부터 이런 입장에 있었던 건 아니다. 나는 환경을 개선할 때 3가지 단계를 거쳤다. 지금부터 그 이야기를 하려고 한다.

1단계: 환경이 에너지에 미치는 영향을 평가하라

주변 사람들, 구독한 채널, 평소 보는 방송을 비롯해 삶에 유입되는 것들을 생각해보자. 그다음 각 대상을 경험할 때 어떤 기분이 드는지 1점에서 10점까지 점수를 매긴다. 기분이 아주 좋고 에너지가 충만해서 얼마든지 세상과 맞서고 싶은 기분이 들면 10점이고, 오히려 기분이 나빠지고 기운을 모두 써버리는 느낌이 들면 1점이다.

가족, 친구, 취미, 구독한 채널이나 인터넷 지인 등이 자신에게 어떤 영향을 미치는지 평가해보자. 에너지를 주는 사람은 누구고, 어떤 활동인가? 에너지를 뺏는 사람은 누구고, 어떤 활동인가?

정직하게 평가해야 한다. 고등학교 친구를 만날 때마다 에너지를 뺏긴다면 그 친구에게 1점을 매겨야 한다. 그 사람을 어떻게 대해야 하는지 아직은 걱정하지 말자. 1단계에서는 자신을 둘러싼 환경에서 어떤 영향을 받는지 살펴보고 주변 사람과 사물에 객관적인 점수를 매기면 된다.

2단계: 불필요한 접촉을
줄이거나 끊어내라

다음 단계는 우리 생명력을 빨아먹는 대상, 그러니까 '에너지 기생충'과 접촉을 줄이거나 끊어내는 것이다. 한 시간 동안 소셜 미디어를 들여다보고 기분이 한없이 나빠진다면 그런 기분이 들게 하는 계정을 차단해야 한다. 소셜 미디어 자체가 아니라 그 안에서 구독하는 계정이 문제다. 고등학교 친구가 에너지 기생충이라면 아예 만나지 않거나 만나는 횟수를 줄여야 한다. 이 문제로 친구와 길게 대화할 필요도 없다. 함께 보내는 시간을 줄이면 된다.

어머니가 에너지 기생충일 수도 있다. 그렇다면 어떻게 해야 할까? 대개는 어머니를 사랑할 것이다. 어머니와 공감할 수 있는 주제도 많을 것이다. 하지만 특정 문제로 어머니 때문에 미칠 것 같을 때도 있다. 아마도 어머니가 직장이나 연애 문제를 두고 잔소리할 때일 것이다. 이럴 땐 흥분하지 말고 차분하게 방어해야 한다. 그런 문제들은 어머니와 논의할 일이 아니라고 분명하게 선을 그어야 한다. 예민한 문제로 언쟁을 벌이지 말고, 서로가 공감하는 주제로 초점을 옮기는 게 좋다.

부모가 어른답지 못하게 행동할 땐 자녀가 어른답게 행동해야 한다. 예외도 있겠지만 어머니는 자녀를 사랑하는 마음으로 '조언'한다는 점을 기억하자. 어머니들은 자녀가 사는 세상과 그들이 누리는 기회를 이해하지 못한다. 어머니들이 젊었을 땐 그런 세상과 기회가 없었기 때문이다. 이럴 땐 타인의 관점과 감정에 공감하면서도 경계를 설정해 일정한 거리를 두는 게 큰 도움이 된다. 삶에서 어떤 사람 혹은 사물을 끊어내거나 접촉하는 횟수를 줄일 때 살펴야 할 핵심은 우리의 에너지다. 우리에게서 에너지를 뺏는 대상을 파악하고 문제를 손봐야 한다.

3단계: 삶의 공백을 채워라

에너지 기생충을 찾아 끊어내거나 접촉을 대폭 줄였다면 삶에 커다란 공백이 생긴다. 여러 SNS 계정을 차단하고 고등학교 친구들과 어울리지 않기로 했다면 오히려 고립에 빠질 위험이 있다. 사람들은 외톨이가 되기보다는 자신에게 해로운 줄 알면서도 불편한 관계를 이어가는 경향이 있다. 따라서 긍정적인 에너지를 주는 사람과 활동으로 공백을 채우는 게 해결책이다.

영감을 주는 소셜 미디어 계정과 친구를 맺자. 자신감을 북돋고 앞으로 나아가도록 자극하는 책을 읽자. 긍정적인 신념을 심어주는 채널을 구독하자. 사는 곳 주변이나 인터넷상에서 열리는 행사 중 흥미롭고 영감을 주는 게 있는지 알아보자. 자신이 하고 싶은 일에 종사하는 사람들과 교류하자. 대단한 성공을 거둔 사람이 아니어도 좋다. 자기 목표가 확실하고, 적극적으로 도전하면서 목표를 향해 나아가는 사람들이면 충분하다. 그런 사람들 위주로 만남을 확장하며 차근차근 우정을 쌓자.

어떤 모임에 참석하든, 꾸준히 관계를 이어가고 싶은 훌륭한 사람을 딱 한 명 만나는 걸 목표로 삼자. 이렇게 인적 네트워크를 만들면 이전과 다른 세상을 만나게 된다. 좋은 사람들을 곁에 모아야 한다.

스스로 자주 되뇌는 말이 있다. "나는 좋은 사람들을 모으고 있다." 사람들은 부지런히 타인을 챙기고 에너지를 쏟느라 바쁘다. 그렇다 보니 정작 본인에게 에너지를 주는 사람을 찾기는 힘들다.

자신에게 에너지를 주는 사람을 만나면 놓치지 말아야 한다. 그 사람들과 더 많은 시간을 보낼 방법을 찾아야 한다.

커피라도 사겠다고 제안하며 관계를 이어가야 한다. 그들이 하는 일을 지원하든지 함께 작업하면서 적극적으로 관계를 맺자!

해로운 관계를 정리하고 그 자리를 좋은 사람들로 채우면 놀라운 일이 생기기 시작한다. 부정적이고 절망적이고 비관적인 생각으로 그득한 먹구름이 걷히고 무엇보다 중요한 실행력을 얻게 된다.

우리를 둘러싼 환경과 사람이 몹시 중요한 까닭은, 자신감 넘치고 긍정적인 사람들과 함께할 때 우리의 자신감도 커지기 때문이다.

더 자신감 있는 사람이 승자다

'월스트리트의 늑대'로 유명한 조던 벨포트Jordan Belfort가 사람들에게 제품이나 서비스를 파는 법을 설명하는 영상이 떠오른다. 벨포트는 더 자신감 있는 사람이 승자라고 했다. 가령 자기 생각에 확신이 있어도 상대가 더 굳건하고 자신감 넘치게 말하면 결국 상대가 이긴다는 것이다.

어떤 제품이나 서비스를 사려는 마음이 없다가도 판매자

때문에 흔들릴 수 있다. 제품이나 서비스에 한 치의 의심도 없는 판매자에게 설득당하기 때문이다.

당신이 자신감을 키우고 정체된 삶에서 돌파구를 찾으려 한다고 치자. 만약 주변 사람 모두가 삶은 지옥이며, 현 체제에는 조작과 기만이 난무하고, 탈출구 같은 건 없다고 확신한다면 당신도 매번 실패할 가능성이 크다. 그 사람들의 부정적인 신념이 당신의 긍정적인 신념보다 강하기 때문이다.

긍정적인 신념이나 습관, 마음가짐을 키우고 싶다면 당신보다 더 긍정적이고 자신감 있는 사람들을 주변에 둘 필요가 있다. 온라인에서 만나는 사람들도 마찬가지다. 그런 사람들 옆에 있으면 당신의 자신감도 커진다.

캘리포니아에서 열린 최상위 콘텐츠 창작자 모임에 참석한 기억이 난다. 나는 그 행사에서 한 기업인 옆에 앉아 만찬을 즐겼다. 그 기업인은 내가 하루도 빠짐없이 영상을 올린 걸 칭찬했다. 자신도 꾸준히 영상을 올려야겠다면서, 내 영상을 보며 크게 자극받았다고 했다.

만찬에서 지켜보니 그 기업인은 식사하는 방식이 무척 건강했다. 나는 그에게 찬사를 보냈다. 그 기업인은 생선 요리를 양념 없이 주문했고, 샐러드도 마찬가지였다. 나는 어땠을까? 재료를 잔뜩 올린 피자를 주문했다. 여행할 땐 좋은 기분을 핑계 삼아 평소 건강을 챙기는 루틴에서 '벗어나려는' 경향이 있기 때문이다. 나는 그 기업인이 일찍 잠자리에 들고 아침에 일어나면 콘퍼런스가 시작되기 전에 조깅을 다녀오는 습관도 대단하다고 생각했다. 나는 어떻게 했을까? 숙소에서 늦잠을 잤다. 여행하는 동안에는 일찍 일어나고 싶지 않았고 조깅하는 것도 싫었다.

우리 두 사람이 얼마나 다른지 보이는가? 그 기업인은 건강을 지키는 루틴이라면 자신이 있었다. 무슨 일이 있어도 그 루틴을 지켰다. 한편 나는 영상을 올리는 일이라면 자신이 있었다. 무슨 일이 있어도 제시간에 영상을 올렸다. 우리 두 사람이 더 자주 만난다면 무슨 일이 일어날까? 나는 더 건강해지고, 그 기업인은 영상을 더 자주 올릴 것이다. 자연스럽게 그렇게 바뀔 것이다. 변화를 일으키기 위해 따로 전략이나 전술을 세울 필요가 없다. 서로 가르치거나 동기를 부여하려고 애쓸 필요도 없다. 애쓰지 않아도 변화가 일어난다. 당신보다 더 자신감 있고 자기 분야에서 성공한 사람이 주변에 있으면 당신도 그 사람을 따라 긍정적으로 변하고 자신감이 생긴다.

종합하자면 다음 3단계 과정을 따라야 한다. 먼저 환경이 에너지에 미치는 영향을 살펴본다. 삶에 영향을 미치는 사람과 사물, 행동에 1점부터 10점까지 점수를 매긴다. 그러고 나서 긍정적인 에너지를 뺏는 에너지 기생충을 차단하거나 접촉을 줄인다. 다음으로 당신에게 긍정적인 에너지와 희망을 주는 사람과 사물, 행동으로 공백을 채워 아이디어 실현에 필요한 실행력을 얻는다. 에너지를 더 빠르게 충전하고 싶은 사람은 음악을 활용하자!

#6
행동 여섯

좋은 리듬에
몸을 맡겨라

에너지를 즉시 끌어올리고 싶을 때 좋은 습관이 하나 있다. 음악을 틀어놓고 집중하는 것이다. 모두 알듯이 음악을 들으면 기분이 좋아진다. 그래서 결혼식에는 축가가 있고, 나라마다 국가가 있고, 문화마다 전통 음악이 있다. 알맞은 음악을 들으면 축 처진 기분을 바꾸고 에너지를 다른 방향으로 돌려놓을 수 있다.

문제는 사람들이 음악을 올바르게 쓸 줄 모른다는 데 있다. 사람들은 그때그때 기분에 맞춰 음악을 듣는다. 기분이 우울하면 슬픈 음악을 틀어놓는다. 그러면 어떻게 될까? 슬

침대 부수기

픈 감정이 더욱 깊어져서 사라지지 않고 오래 머문다.

자신이 '느끼고 싶은' 감정에 맞는 음악을 트는 게 핵심이다. 음악을 들으면 자연스레 기분이 전환된다. 자신이 원하는 감정을 느끼려고 노력해야 한다. 주의를 집중하고 싶은가? 집중력을 높여주는 음악을 듣자. 활기가 넘치길 바라는가? 활기찬 음악을 듣자. 차분한 상태를 원하는가? 고요한 음악을 듣자. 간단한 전략이지만 그 효과는 놀라울 정도로 강력하다.

음악은 내 일상에서 빼놓을 수 없는 부분이다. 나는 기분을 바꾸고 싶을 때 듣는 음악을 모두 모아 #빌리브 플레이리스트라고 이름 붙였다. 모든 사람이 '마땅히' 들어야 하는 노래는 없다. 각자에게 맞는 노래가 있을 뿐이다. 내 플레이리스트에는 랩, 컨트리, 중국 음악, 전자 음악을 비롯해 모든 장르가 섞여 있다. 이 글을 쓰는 지금 내 플레이리스트에는 600여 곡이 들어 있다. 컴퓨터를 켜면 가장 먼저 여는 탭이 바로 플레이리스트다.

장르는 다양하지만, 한 가지 공통점은 몸을 들썩이게 한다는 것이다. 내 플레이리스트에서 음악이 나오면 몸을 움직이지 않고 배길 수가 없다. 고개를 위아래로 흔들거나 흥얼거리기도 하고 사무실에서 춤을 추기도 한다. 음악은 몸을 움직이게 하고, 그 에너지가 실행력을 만들어낸다.

어떻게 들릴지 몰라도, 나는 매일 아침 일어나 기운을 북돋우는 말을 하지 않는다. 이를테면 이런 식으로 다짐하지 않는다. "그래, 오늘은 멋진 날이 될 거야! 아주 좋아! 파이팅!" 그러면 좋겠지만 사실은 전혀 아니다. 아침에 일어나면 머리가 멍하고, 하품이 나오고, 오늘이 무슨 요일인지 긴가민가한 채로 따뜻한 이불 속에서 나가고 싶지 않다. 어제가 역대 최고로 멋진 하루였더라도 오늘은 다시 시작해야 한다는 생각이 든다. 어제 일으킨 실행력은 사라졌다. 그렇다면 어떻게 해야 실행력을 빠르게 되찾을까? 음악이다!

어쩌면 당신은 노래가 흘러나올 때 따라서 흥얼거리거나 춤을 추는 유형이 아닐지도 모른다. 그래도 괜찮다. 그런 사람이라도 발을 구르거나 고개를 흔들게 하는 노래가 있다. 몸을 가만두지 못하고 저절로 움직이게 하는 노래가 있다. 그런 노래가 당신에게 맞는 노래다. 그런 노래를 들으며 하루를 시작해보자. 그런 노래로 플레이리스트를 만들어 아침에 들으면서 실행력이 생기는 걸 직접 확인해보자. 내 플레이리스트에는 어떤 곡들이 있을까? 최근 30곡을 소개한다.

보면 알겠지만 정말 어지럽다. 영어, 스페인어, 우크라이나어, 중국어 노래도 있다. 합창단 노래도 있고 최신곡도 있

침대 부수기

1. 티미 다콜로Timi Dakolo – Everything(Amen)
2. 더 비트너츠The Beatnuts – Se Acabo Remix
3. 스트라이브 투 비Strive to Be – If You Believe
4. 알렉스와 시에라Alex & Sierra – Little Do You Know
5. 카밀라 카베요Camila Cabello – Bam Bam
6. 앨런 워커Alan Walker – The Drum
7. 미나 오카베Mina Okabe – Every Second
8. 에이바 맥스Ava Max – Maybe You're the Problem
9. 스텝스Steps – 5, 6, 7, 8
10. 닥터 드레Dr. Dre – The Next Episode
11. K-391, 앨런 워커와 아릭스Alan Walker & Ahrix – End of Time
12. 보이위드우크BoyWithUke – Toxic
13. 제이슨 도너번Jason Donovan – Sealed with a Kiss
14. 브라이언 하일랜드Brian Hyland – Sealed with a kiss
15. 샤니아 얀Shania Yan – Nothing's Gonna Change My Love for You
16. 조지 벤슨George Benson – Nothing's Gonna Change My Love for You
17. 크라히트카Крихітка – 이름 없이Без імені
18. 숀 깁슨Shaun Gibson – Hometown Streets
19. 정향程响 – 이 넓은 세상에서 널 만나世界这么大还是遇见你
20. 영빈 라이언 비永彬 Ryan.B – 어쩔 수 없는无法抗拒
21. 영빈 라이언 비永彬 Ryan.B – 필살기를 보여줄게放個大招給你看
22. 숀 깁슨Shaun Gibson – 언제나 105도인 너热爱105°C的你

23. 아쓰阿肆 – 언제나 105도인 너热爱105°C的你

24. 타일러 쇼Tyler Shaw – Love You Still

25. 브라이토니아Brythoniaid 남성 합창단 – Go West

26. 게일GAYLE – abcdefu

27. 말루마Maluma – Sobrio

28. 피프스 하모니Fifth Harmony – Worth It

29. 시아Sia – Snowman

30. 시아Sia – Ho Ho Ho

고 1962년 노래도 있다. 심지어 크리스마스 노래도 있다! 그렇다. 나는 일 년 내내 크리스마스 음악을 듣는다. 여기 적은 목록은 가장 최근에 들은 30곡에 불과하다. 600여 곡을 모두 보면 참으로 다양한 음악이 한데 모여 있다.

하지만 이 곡들에는 한 가지 공통점이 있다. 이 곡들을 들으면 몸이 움직인다. 그게 중요하다. 내 플레이리스트가 궁금한 이들은 QR코드로 확인할 수 있다.

#BELIEVE
플레이리스트

침대 부수기

애도 감정만은 정직하게 표현할 것

그런데 부정적인 감정이라면 모두 긍정적인 감정으로 바꿔야만 하는가?

다음은 모두가 똑같이 느끼는 부정적 감정이다. 분노, 공허함, 좌절감, 자격지심, 무력감, 두려움, 죄책감, 외로움, 애도, 부담감, 원한, 낭패감, 슬픔, 질투심. 물론 여기 열거한 감정 외에도 각자가 느끼는 부정적 감정이 또 있을 것이다.

개인차가 있겠지만, 이 목록에서 내가 긍정적 감정으로 바꾸려고 애쓰지 않는 유일한 감정은 애도다. 그 외의 감정은 빠르게 긍정적 감정으로 바꾸려고 한다. 분노나 질투심을 오래 느끼고 싶지는 않다. 집에 가만히 앉아서 실패한 일을 곱씹거나 아무 변화도 일으킬 수 없다는 무력감에 젖고 싶지 않다. 이런 감정은 긍정적 감정으로 빠르게 바꾸고 싶다. 이때 음악이 도움이 된다.

음악은 감정을 바꾼다. 스스로가 낙오자처럼 느껴질 때 몸이 들썩이고 행복한 생각이 드는 노래를 들으면 기분이 한결 나아진다. 이때 만들어지는 에너지로 실행력을 일으키고 목표를 향해 다시금 나아갈 의지를 얻는다.

하지만 내게 애도란 다른 부정적 감정과 의미가 다르다.

안타깝게도 우리는 살아가는 동안 여러 차례 애도 감정을 경험하게 된다. 다행히 이 글을 쓰는 시점에는 부모님을 비롯해 가까운 가족과 친구들 모두 건강하게 내 곁에 있다.

내 조부모님은 모두 행복하게 장수하셨고, 나는 운 좋게도 두 분과 가까이 지냈다. 하지만 만약 다음에 누군가 가까운 사람을 잃게 되면 어찌해야 할지 모르겠다. 비통한 심정에 빠져 엉망이 될지도 모른다. 하지만 이땐 크나큰 슬픔에 빠져도 괜찮다.

내가 애도 감정에 가장 가까워진 시기는 10년 전 이혼했을 때다. 이혼은 상상할 수도 없는 일이었지만 결혼 생활에 종지부를 찍는 순간이 오고 말았다. 나는 망연자실했고 감정을 제어할 수 없었다. 나는 팀원과 고객에게 이 일을 설명하고 며칠 혹은 몇 주간 일을 제대로 처리하지 못할 거라고 설명했다.

이혼하는 순간에 신나는 음악을 듣는 건 부적절해 보였다. 아니, 어쩌면 내가 틀렸을지도 모른다. 신나는 음악으로 기분을 전환할 수 있었을지도 모른다. 하지만 그때 나는 감정을 있는 그대로 받아들여야 한다고 생각했다. 아플 만큼 아파하고 나면 좋아지리라 생각했다. 당장은 슬퍼하고 아파할 시간을 가져야 한다고 여겼다.

나는 애도를 제외한 부정적 감정에서 가능한 한 빨리 벗어나겠다는 원칙을 정했다. 화를 내거나 질투하는 건 아무런 도움이 되지 않는다. 그런 감정은 빨리 전환해야 한다. 그와 달리 애도는 마음의 준비가 될 때까지 그대로 느끼고 관찰하며 끝까지 경험하는 유일한 감정이다.

스스로 자신의 감정을 평가하고 원칙을 정하는 게 좋다. 지금 느끼는 감정에 부끄러움이 없고 당당한지, 그 감정을 그대로 이어가도 괜찮을지 자문하길 바란다. 다만 어떤 감정이든 결국 사라지리라는 사실을 잊지 말자.

오늘 여기서 공유하고 싶은 행동 지침이 하나 더 있다. 어쩌면 실행력을 키우는 과정에서 가장 중요한 점일지도 모른다.

#7
행동 일곱

무엇을 위해
일하는가

이 글을 쓰는 시점에 내 핸드폰 배경화면에는 한 글귀가 적혀 있다. "자신의 목적을 기억하라." 의심이 생길 때마다, 삶이 멈춰섰다는 생각이 들 때마다, 가슴에서 멀어져 머리가 하는 말을 듣고 소심해질 때마다, 자신의 목적을 기억하자. '나는 선한 목적으로 여정을 시작했다. 이 일에 나선 목적은 사람들을 돕는 것이다. 나는 사람들에게 필요한 인물이다. 사람들에겐 내 능력과 희망, 용기가 필요하다.'

애초에 품은 목적이 선하지 않다면 실행력을 얻기는 무척 힘들 것이다. 어떤 일을 하는 목적이 그저 돈을 많이 버는 것이고, 이를 위해 거짓말이나 속임수, 도둑질도 괜찮다고 여긴다면 실행력을 키우는 데 도움이 되지 않는다. 하지만 이 책을 여기까지 읽었다면 당신은 그런 부류가 아닐 것이다.

사람들을 돕고 싶은데 머뭇거리며 실행하지 못할 때가 있다. 당신도 알겠지만 생각이 너무 많기 때문이다. '이 일이 아무 쓸모가 없으면 어떡하지? 사람들이 어떻게 평가할까? 사람들이 보는 앞에서 실패하면 어쩌지? 사람들이 내게 실망하면 어쩌지?' 이런 걱정이 꼬리에 꼬리를 물고 이어진다. 이런 생각이 아무리 생생해도 결국에는 머릿속에서만 벌어지는 일이다. 이땐 바깥으로 주의를 돌려 당신이 돕고 싶은 사람들에게 집중하자. 그러면 마음가짐이 새로워지고 일을 바라보는 관점을 바꿔 실행력을 높일 수 있다.

사람들은 종종 자기 자신을 살피기보다 타인을 도우려고 애쓴다. 나는 토론토에 있는 여러 서점에서 행사를 열어 사람들을 돕곤 했다. 행사 참여자들은 파트너를 만나 자신을 소개하거나 자기 얘기를 하는 대신 상대에게 어떤 도움이 필요한지 묻는다. 그런 다음 20분간 행사장을 돌아다니며 파트너에게 도움이 될 만한 사람을 찾는다.

참가자들은 20분 후 자리로 돌아간다. 결과는 어떨까? 사람들은 파트너에게 알려줄 연락처를 잔뜩 얻어왔다! 사람들은 자신이 어떤 도움을 받고 싶은지 얘기하기보다 일면식도 없는 사람이 좋은 조력자를 만나 네트워크를 만들도록 돕는 데 기꺼이 헌신했다. 당신도 이 이야기가 낯설지 않을 것이다.

본인보다도 타인을 돕는 일에 기꺼이 나서고 싶은가? 타인을 돕는 게 곧 본인을 돕는 것임을 깨닫는 데서 실행력이 생긴다. 자신이 이루고 싶은 사명이 얼마나 중요한지, 자신이 하는 일이 앞으로 얼마나 많은 이를 도울지 기억해야 한다. 이 신념을 되새기고 머리뿐 아니라 가슴으로 믿을 때, 자신의 목적을 실행에 옮길 용기가 생긴다.

자신감이 없어질 때면 자신의 목적을 기억하라. 두려울 때면 자신의 목적을 기억하라. 불안할 때면 자신의 목적을 기억하라. 이 주문을 가까이 두고 필요할 때마다 되뇌면 도움이 된다. 그래서 이 글귀를 핸드폰 배경화면에 띄워놨다.

"자신의 목적을 기억하라." 지금부터는 이 글귀가 매년 9만 3,600달러(약 1억 3천만 원)를 벌도록 도와준 사례를 얘기할까 한다.

목적을 수익으로 바꾸는 법

나는 이틀 전에 전도유망한 인생코치와 상담했다. 지금은 다른 삶을 살고 있지만, 그 사람은 불우한 가정에서 자랐고 술을 피난처 삼아 문제를 회피하며 부끄럽게 살았노라고 말했다. 하지만 그 사람은 마음가짐을 바꿨다. 신념을 바꿨다. 문제를 해결하는 방법을 바꿨다. 그 사람은 다른 사람들도 자신처럼 삶을 바꿀 수 있게 도와주고 싶었다.

하지만 그는 돈을 벌지 못했다. 그는 인생코치로서 무료 상담을 하며 사람들을 도왔지만, 사람들에게 돈을 내라고 하는 게 늘 부담스러웠다. 나 역시 무료로 남을 돕는 걸 즐기고, 하는 일 중에도 무료인 게 많다. 하지만 사람들을 도울 때 모든 일을 무료로 하면 따로 직장에 다니며 생계를 유지해야 한다. 그러면 무료 봉사는 주말이나 저녁에 취미로 할 수밖에 없다.

우리가 열정을 품고 사람들을 도울 때, 그 일로 돈을 벌게끔 설계하면 봉사에 필요한 돈을 모을 뿐 아니라 더 많은 사람을 도울 수 있다. 그러면 주중에도 사람들을 도울 수 있다. 일하는 규모가 커지면 팀원을 고용할 수도 있다. 팀원 10명과 함께 일하면 혼자서 시간을 쪼개 부업으로 할 때보다 훨씬 많은 일을 하며 세상에 이바지할 수 있다.

나는 그 사람에게 물었다. "돈이 한 달에 얼마나 필요하죠?" 돈을 얼마나 많이 벌고 싶은지 물은 게 아니다. 람보르기니 같은 고급 자동차를 사려면 얼마나 벌어야 하는지가 아니라, 꼭 필요한 돈이 얼마인지 물었다. 다시 말해 이렇게 물었다. "수중에 얼마가 있으면 돈을 벌어야 한다는 부담에서 벗어나 사람들을 돕는 일에 집중할 수 있을까요?" 그 사람은 한 달에 7,800달러(약 1,100만 원)를 벌면 아내도 자신도 걱정을 덜 수 있으리라고 말했다. 이에 나는 이렇게 대답했다. "좋아요. 그럼 그렇게 해봅시다."

그런 다음 지금까지 그에게 상담받은 이들 가운데 코칭 비용을 낼 만한 사람이 몇 명이나 되는지 물었다. 그 사람은 "40명 정도"라고 대답했다. 굉장하다! 이에 나는 이렇게 제안했다. "이제 코칭 프로그램을 짜봅시다. 비용은 시간당 100달러로 시작해봅시다. 가령 한 사람을 일주일에 한 번, 한 시간씩, 일 년간 코칭한다면 5,200달러를 벌 수 있죠." 이 정도면 괜찮은 금액이다.

"이제 월 7,800달러라는 목표를 이루려면 18명이 필요하군요. 시간당 100달러씩 주간 코칭 비용을 낼 고객 18명만 모으면 목표를 이룰 수 있어요. 일주일에 18시간은 고객을 만나서 일하고, 나머지 시간에는 무료로 사람들을 돕고, 프로그램을 구성하거나 콘텐츠를 만들고, 그 외에 하고 싶은 일을 하는 겁니다."

100달러는 그렇게 큰 금액은 아니다. 그래도 어떤 이들에겐 도저히 감당하기 힘든 비용일 수도 있다. 괜찮다. 그런 사람들에게 제공하는 무료 콘텐츠를 준비하면 된다. 하지만 100달러 정도는 쉽게 치를 수 있는 사람들도 있다는 사실을 기억하자. 변호사나 회계사 같은 전문가들은 이보다 훨씬 더 비싼 비용을 청구한다. 이 인생코치는 그 전문가들만큼이나 큰 도움을 준다. 만약 시간당 200달러를 청구한다면 고객을 9명만 확보해도 월 7,800달러를 벌 수 있다.

고객 18명에게서 1년 치 비용 5,200달러를 선불로 받으면 계좌에 9만 3,600달러가 들어온다. 간단한 계산이다. 충분히 실현할 수 있는 일이다. 그 사람은 한 가지만 빼고 모든 게 준비돼 있었다. 사람들에게 당당히 비용을 청구할 자신감이 부족했다. 목적을 기억하라는 격언이 그에게 자신감과 실행력을 불어넣었다.

손쉽게 자신감을 얻는 비결

자신이 하는 일에 부끄러움이 없고, 제공하는 제품이나 서비스도 훌륭하다고 생각하는가? 사람들에게 도움이 되리라 확신하면서도 자신이 하는 일을 알리지 못해 좌절한 적이 있는가? 이 문제를 극복하는 방법은 자신의 목적을 다시금 기억하는 것이다.

나는 그 인생코치에게 삶의 목적이 뭔지, 왜 일하는지 물었다. 그에겐 2가지 목적이 있었다. 첫 번째 목적은 사람들을 돕는 것이었다. 그가 제공하는 코칭 서비스는 사람들의 삶을 바꿀 뿐만 아니라 생명을 구할 수도 있었다. 두 번째 목적은 가족을 부양하는 것이었다. 이 일로 돈을 벌어 그의 아내와 아장아장 걷는 아이들을 책임져야 했다.

잠시 다음 2가지 시나리오를 비교해보자. 첫 번째는 자신이 하는 일에 자부심을 느끼지 못하고, 사람들이 어떻게 평가할지 걱정하고, 거절당할까 봐 두려워하는 경우다.

두 번째는 자신이 하는 일이 중요하고 사람들에게 도움이 된다 확신할 뿐만 아니라 가장으로서 아내와 아이들을 지키는 경우다.

실행력을 증폭시키는 시나리오는 어느 쪽일까? 정답은 당연히 두 번째다. 두 번째 시나리오가 우리가 바라는 쪽이지만, 삶은 첫 번째 시나리오로 흘러가기 쉽다. 우리는 사람들을 돕는 대신 두려움 속에서 살아갈 때가 많다.

이 사례의 인생코치는 두 번째 시나리오를 보고 관점을 완전히 바꿨다. 그는 코칭 서비스를 제공할 고객 목록을 썼다. 그 사람은 나와 통화하면서 고객 명단을 40명 정도 써낼 수 있을 거라고 했는데, 자신의 목적을 기억하고 관점을 바꾸면 그보다 훨씬 긴 명단이 나올 거라는 예감이 들었다.

그 사람은 한때 놓쳐버린 실행력을 얻고 순조롭게 앞으로 나아갈 수 있게 됐다. 자신이 어떤 목적을 추구했는지 떠올렸기 때문이다.

일단 실행력을 얻고 나면, 다음 과제는 그 실행력을 지키는 것이다. 강하게 솟구친 실행력을 놓치지 않고 내일도, 모레도, 글피도 이어가려면 어떻게 해야 하는가? 바로 다음 장에서 이 문제를 다뤄보자. 잠드는 순간까지 지킬 7가지 습관을 알려줄 생각을 하니 가슴이 설렌다!

침대에서 벗어나기 위한 7가지 행동

#1 **행동 하나**
거대한 변화를 위한 2% 차이를 만들어라

#2 **행동 둘**
계획에 5%, 실행에 95%의 에너지를 쏟아라

#3 **행동 셋**
처음에는 처참한 결과를 각오하라

#4 **행동 넷**
자신의 다짐과 목표를 사람들에게 알려라

#5 **행동 다섯**
에너지를 빨아먹는 기생충을 잡아내라

#6 **행동 여섯**
신나는 리듬에 몸을 맡기고 기분을 바꿔라

#7 **행동 일곱**
자신의 목적을 똑똑히 기억하라

2022년 6월 2일 업데이트
글쓰기 시간: 오후 3:00~오후 5:00

해냈다! 제2장을 완성했다. 특별히 계획을 세우지도 않았는데 이렇게 멋진 일을 해내니 기분이 하늘을 나는 듯하다! 사람들은 자신이 어떤 일을 할 수 있는지 결과를 보고 새삼 놀라곤 한다. 나는 이번 장을 마쳤고, 이쯤에서 오늘 글쓰기 시간을 마감하는 게 좋겠다. 지난 이틀간의 데이터를 보건대 30분은 더 쓸 수 있겠지만 내 몸은 여기서 멈춘 뒤 내일 새로운 장을 시작하고 이제부터는 니나와 산책하는 게 좋겠다고 한다. 그래서 그렇게 할 생각이다!

오늘 4,561단어를 썼다. 책 쓰는 일은 순조롭게 진행되고 있다. 지금까지 내 안에서 흘러나온 이 모든 단어가 의미하는 바를 당신도 고스란히 느꼈길 바란다. 당신도 지금부터는 잠시 책을 덮고 쉬는 편이 좋겠다. 밖에 나가서 햇빛을 쐬자. 실행력을 얻고 뭔가 해나갈 계기를 만들었음을 자축하자. 그리고 내일 돌아와서 다시 책을 읽자. 앞으로 훨씬 흥미로운 내용이 많이 남아 있다.

2022년 6월 3일 업데이트

오전 11시다. 새로운 일을 하려고 한다. 나는 지금까지 항상 오후에 글을 썼다. 사흘 전에 내 친구 키이라 폴슨이 이 책을 써보라 권했고, 나는 곧바로 글쓰기 작업에 들어갔다. 지난 사흘간 똑같이 오후 시간대에 글을 썼고, 그 시간대가 내게 잘 맞는다고 느꼈다.

하지만 오늘은 아침 일찍 작업을 시작한다. 글 쓰는 시간을 바꾸는 이유는 2가지다. 첫째, 오후에 내 친구인 뉴욕타임스 베스트셀러 작가와 통화 약속이 있는데 이 시간이 얼마나 길어질지 모르겠다. 또 통화 후에 할 일이 생길지도 모른다. 둘째, 이 책을 얼른 완성하고 싶다. 실행력을 잃지 않고 앞으로 나아가는 자신을 바라보는 게 즐겁다. 그러니 오늘은 아침 일찍 시작한다!

침대 부수기

이 결정은 곧 시작할 다음 장의 주제와도 일맥상통한다. 잠드는 순간까지 지킬 7가지 습관을 함께 파헤칠 준비가 됐는가? 그러면 다음 주제를 향해 달려보자!

성찰하는 시간

2장이 끝났다. 잠시 멈추고 이번 장에서 읽은 내용을 돌아보는 시간을 갖자. 뭘 배웠는지, 새로 배운 것들을 어떻게 활용해서 실행력을 끌어올릴지 생각해보자. 책 여백에 자기 생각을 적고 영감을 받은 행동을 실행에 옮기자.

다시 말하지만 더 철저하고 면밀하게 연습하고 싶은 이들은 실행력 워크북Momentum Workbook을 확인하길 바란다.

실행력 워크북

MOMENTUM

3

✦

잠드는 순간까지 지킬 7가지 습관

#1
습관 하나

멋진 하루의 방아쇠,
아침 루틴

어젯밤은 정말 힘들었다. 우리는 얼마 전에 집을 샀고 막 이사를 마쳤다. 현재 토론토 날씨는 몹시 더운데 에어컨이 제대로 작동하지 않는다. 니나는 요즘 어떤 이유인지 알레르기로 힘들어하는데, 새벽 4시쯤에 알레르기 반응이 나타나 잠에서 깨더니 재채기를 하고 콧물을 줄줄 흘렸다. 니나는 화장실에 갔다가 다시 잠자리에 들었다. 그러나 또 알레르기 반응이 나타났고, 니나는 이번에도 화장실에 갔다가 돌아왔다. 나는 니나가 걱정됐고 잠시라도 숙면하길 바랐다. 아내는 자기 때문에 내가 자꾸 깨서 내일 일을 못 할까 봐 걱정했다. 니나가 걱정하지 않고 남은 밤을 보낼 수 있게 손님용 침실로 옮겨서 잠을 잤다. 아직 침대를 설치하지 않아서 방바닥에 매트리스만 깔았다. 블라인드도 준비하지 못해서 아침에는 강한 햇볕이 쏟아졌다.

두말할 필요도 없겠지만, 나는 제대로 자지 못했다. 이제 어떻게 해야 할까? 쏟아지는 햇볕에 눈을 떴지만 침대에서 일어나고 싶지 않다. 오늘은 금요일, 최고경영자의 날이다. 이 이야기는 나중에 자세히 하겠지만 어쨌든 오늘은 오후 2시에 잡힌 통화 외에 공식 일정이 하나도 없다. 지금 이대로 침대에 누워 있어도 아무 문제가 되지 않거니와 알아차릴 사람도 없다. 어젯밤만 해도 오늘은 글쓰기에 상당한 시간을 투자할 계획이었지만, 지금 당장은 실행력을 주제로 책을 쓰는 건 고사하고 아무 일도 하고 싶지 않다. 실행력이라고? 지금 나는 실행력과는 아무 상관도 없는 사람이 되고 싶다!

오늘 나를 이런 위기에서 구한 게 뭔지 아는가? 바로 아침 루틴이다. 나는 아침에 일어나면 날마다 똑같은 일을 한다. 세월이 지나면서 조금씩 바뀌었지만 한결같이 하는 일이 있다. 어떤 행동을 오랜 세월 반복하면 나중에는 자동으로 실행하게 된다. 그러다 보면 끝내주게 좋은 일이 일어나기도 하고, 자연스럽게 실행력이 생긴다.

침대 부수기

나는 차에 타면 자동으로 안전띠를 맨다. 다들 그러리라 생각한다. 따로 생각하고 말 것도 없이 자연스레 움직인다. 나는 밤마다 잠자기 전에 이를 닦는다. 다들 그러리라 생각한다. 따로 생각하고 말 것도 없이 자연스레 말이다.

반면에 우리가 자동으로 실행하는 부정적인 행동도 많다. 우리는 습관처럼 자기 자신을 비판한다. 습관처럼 자기 자신을 탓한다. 습관처럼 소심하게 행동한다. 그렇게 하겠다고 정한 게 아니라, 자기도 모르는 사이에 그렇게 될 때가 대부분이다! 자연스럽게 나올 정도로 그런 행동에 익숙해졌기 때문이다.

하지만 스스로 이 습관을 통제해야 한다. 나쁜 습관을 단박에 고칠 수는 없어도 날마다 조금씩 좋은 습관으로 바꿔나가야 한다. 아침 루틴은 가장 강력한 습관이니 여기서부터 시작하는 게 좋다. 어제 아무리 멋진 하루를 보냈더라도 오늘 역시 그런 날이 되리라 보장할 수는 없다. 오늘은 또 새로운 날이 시작된다. 오늘 침대에서 일어나기 싫어하던 나를 아침 루틴이 깨운 것처럼, 강력한 습관이 당신을 구해줄 것이다. 이제 내 아침 루틴을 소개하겠다.

침대를 부수는 아침 루틴

나는 알람 시계를 쓰지 않는다. 강연이 있거나 비행기를 탈 때를 빼고는 알람 시계를 쓰지 않은 지 오래다. 그래서 비행기는 웬만하면 오후 시간대로 예약하려고 한다. 오전 10시 30분 전에는 어떤 약속도 잡지 않기 때문에 아침부터 스트레스를 받을 일이 없다. 예전에는 아침에 회의가 있거나 일찍 일어나야만 하는 일이 생기면 전날 저녁부터 스트레스를 받고, 잠을 설치다가 알람이 울리기 한참 전에 깰 때가 많았다. 결국은 몹시 피곤한 상태로 일을 처리하러 나가서 생산적이지도 행복하지도 않은 하루를 보내곤 했다. 이제 내 시간 중 98퍼센트 사이에는 알람이 울릴 일이 없다.

나는 잠이 깨면 화장실에 가서 몸무게를 잰다. 체중계에 표시된 숫자를 보면서 건강을 챙겨야 한다는 사실을 되새긴다. 아침 식사를 맥도날드에서 시켜 먹을까? 팬케이크와 메이플 시럽, 소시지가 나오는 메뉴 말이다. 생각만 해도 군침이 돈다. 하지만 건강을 지키고 싶고, 체중계 숫자가 이 사실을 경고하므로 정크푸드를 주문하지 않는다. 체중계에 오르지 않으면 충동에 금세 넘어갈 것이다. 숫자를 눈으로 확인하지 않으면 체중 관리가 중요하다는 사실을 깜박하기 쉽다.

"눈에 보이지 않으면 마음에서도 멀어진다!"

체중을 재고 나면 신경 써서 이를 닦는다. 예전에는 이를 닦으며 메일을 확인하고, 옷을 입고, 메시지에 답장을 보내는 등 수만 가지 일을 처리하곤 했다. 그러면서 이를 너무 세게 닦은 탓에 치아 뒤쪽 잇몸이 심하게 마모됐다. 그래서 지금은 샤워실 의자에 앉아 눈을 감고 잇몸이 회복되는 모습을 상상하며 전동칫솔로 이를 닦는다.

그런 다음 간단하게 운동한다. 심호흡을 30회, 팔굽혀펴기를 한 세트 한다. 다시 심호흡을 30회 하고 스쿼트를 한 세트 한다. 마지막으로 심호흡을 30회 하고 팔벌려뛰기를 한 세트 한다. 오늘 아침에는 팔굽혀펴기 35회, 스쿼트 70회, 팔벌려뛰기 150회를 하고 이 글을 쓴다. 매달 몸이 적응할수록 횟수를 늘리는 게 목표다. 아침에 운동하면 잠이 완전히 깬다. 이 정도면 가벼운 전신 운동이라 몸과 마음에 그리 부담스럽지 않다.

아침 운동 후에는 개들에게 밥을 먹이고 함께 밖으로 나간다. 요즘 토론토는 날씨가 참 좋아서 개들과 마당을 돌아다닌다. 요즘엔 날마다 습관처럼 하는 일에 맨발 걷기를 추가했다. 맨발로 잔디밭 위를 걷는다. 날씨가 좋으면 마당에서 윗몸일으키기와 스쿼트, 팔벌려뛰기를 할 때도 있다.

그런 다음 #빌리브 워크[*]를 하러 나간다. 집에서 한 블록 거리인 공원에 갔다가 돌아오는 짧은 산책이다. 녹지에 들어가서 햇볕을 쬐고 신선한 공기를 마시면 영감을 얻는 데 도움이 된다. 산책 시간은 보통 15분에서 20분가량인데 그날 기분에 따라 더 오래 걸을 때도 있다. 이 시간은 여느 산책과 다르다. #빌리브 워크는 사실상 일을 시작하는 시간이다. 나는 이 시간에 하루 목표를 세운다. 달력을 보고 오늘 어떤 일정이 있는지 확인한다. 나중에 자세히 이야기하겠지만, 나는 요일마다 하는 일이 다르다. 그래서 오늘 뭘 할 예정인지, 누굴 만나기로 했는지 살피고 업무에 어떻게 접근할지 생각해본다.

그러고 나서 산책하는 도중에 영상 메시지를 찍는다. 지금은 인스타그램, X, 스냅챗, 틱톡, 디스코드, 유튜브에 올릴 수 있게 45초짜리 짧은 메시지를 촬영한다. 참고로 45초는 이 글을 쓰는 현재 X에서 허용하는 최대 길이여서 그 미만으로 영상을 찍어야 어디든 올릴 수 있다. 오늘의 메시지는 이렇다.

● #Believe Walk, 여기서 '빌리브'는 저자의 삶을 바꾼 한마디로, 저자의 전작인 《한 단어의 힘》을 참고하길 바란다. - 옮긴이 주

"행복한 금요일입니다. #빌리브네이션˙ 여러분. 금요일은 최고경영자의 날이죠. 일주일 중 하루는 그저 평소대로 일하는 게 아니라 회사를 경영하는 CEO 역할에 집중합니다. 오늘은 새 책을 상당 분량 써내면 좋겠어요. 오후가 아니라 오전에 글을 쓰면서 추이를 살펴볼까 합니다. 그러고 나서 오후에는 제 관계망에 속한 사람들을 도울 생각입니다. 제 관계망 목록에는 관계를 이어가고 싶은 사람이 100명 있는데, 지난 90일 동안 대화하지 않은 사람이 있다면 꾸준히 연락하면서 정보를 제공하거나 지원할 방법을 찾습니다. 바로 오늘이 그런 일을 하는 날입니다. 최고경영자의 날이니까요. 달력에 최고경영자의 날을 정해두지 않는다면 사업을 키우기 어렵습니다. 당장 실행합시다. #빌리브."

영상은 44초 분량이다. 연습이나 리허설을 하고 녹화하는 게 아니다. 얇은 러닝셔츠 차림으로 산책하는 도중에 생각나는 대로 이야기하는 편이다. QR 코드로 살펴보길 바란다.

#빌리브 메시지

내가 아침에 영상을 찍는 이유는 그날 정한 목표를 머릿속

● #BelieveNation, 저자는 한 단어의 힘을 깨달은 사람들과 신념을 공유하며 이들을 빌리브 팀 혹은 빌리브네이션이라고 부른다. - 옮긴이 주

에만 두고 싶지 않기 때문이다. 이러면 나 혼자서만 다짐하는 게 아니라 내 영상을 보는 모든 사람에게 계획을 공표하는 셈이다. 나는 이 영상을 소셜 미디어 계정마다 빠짐없이 올린다. 계획을 공유하면 이를 반드시 실행해야 한다는 무거운 책임감이 느껴진다. 아울러 영상을 보는 사람 중 누구든 영감을 받아 멋진 하루를 보내길 바라는 마음이다. 앞서 살폈듯이 자신이 하려는 일에서 다른 사람을 돕고 지원하는 가치를 발견할 때 더 강한 실행력을 얻게 된다.

영상을 올린 뒤에는 다이렉트 메시지에 답장을 보낸다. 인스타그램에 들어가서 전날 받은 메시지가 있는지 확인하고, 산책하면서 사람들에게 짧은 영상 메시지를 보낸다. 또 내 계정의 구독자나 무브먼트 메이커스Movement Makers 멘토링 프로그램에 참여하는 회원 가운데 무작위로 선정한 사람에게 영상 메시지를 보낸다.

이 작업은 모두 신속하게 처리한다. 영상의 길이는 8초에서 15초 사이다. 상대방을 격려하고, 때에 따라 감사나 축하 인사를 전한다.

다음은 무브먼트 메이커스 프로그램 회원인 조슈아에게 보낸 메시지다. 어제 조슈아의 인스타그램 팔로워가 400명을 돌파했다.

"조슈아. 드디어 인스타그램 팔로워가 400명을 돌파했군요. 처음 400명에 도달하는 게 아주 어려운데 결국 해냈어요! 진심으로 축하해요. 행복한 목요일에 여기 화창한 캐나다 토론토에서 인사를 전합니다. 무브먼트 메이커스에서 또 봅시다. 사랑합니다. #빌리브."

이 10초짜리 영상은 조슈아를 행복하게 만들었다. 영상을 찍는 데 걸린 시간은 짧아도 그 시간이 만들어내는 차이는 절대 사소하지 않다. 이 같은 결과를 만들어내는 비결은 실행력을 떨어뜨리는 어떤 변명거리도 용납하지 않는 것이다. 나는 산책하는 동안 커뮤니티 회원들에게 사랑을 담은 영상 메시지를 보낸다. 마이크나 카메라가 좋은지 나쁜지 신경 쓰지 않고, 내가 땀을 흘리고 있다는 점이나 얇은 러닝셔츠 차림이라는 사실도 개의치 않는다.

내가 #빌리브 워크 중에 하는 일을 정리하면 다음과 같다. 하루 목표를 밝히면서 45초 분량 영상을 찍고, 이어서 8초에서 15초 분량 영상을 다이렉트 메시지로 사람들에게 보낸다. 이 루틴을 보면서 사람들의 '참여'를 끌어내는 굉장한 '전략'이라고 평가하는 이들도 있는데, 실제로 이 '전략'은 커뮤니티 회원들에게 유익할 뿐 아니라 내 기분과 의욕을 끌어올리기도 한다. 누구에게나 자기가 하는 일이 중요하다는 사실을

아침 루틴

1. 체중을 잰다.

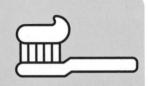

2. 집중해서 이를 닦는다.

3. 간단하게 운동한다.

4. 맨발로 걷는다.

5. #빌리브 워크를 한다.

느끼는 시간이 필요하다. 나는 아침에 맨발로 잔디밭을 걸으며 대지와의 결속을 강하게 느끼고, 매일 아침 영상 메시지를 보내면서 할 일을 정리하고 커뮤니티 회원들과 결속을 다진다. 집에 도착할 즈음에는 기분이 들뜬다. 그런데 생각해 보면 어젯밤엔 잠을 설쳤다. 이젠 그 사실을 까맣게 잊을 만큼 기분이 상쾌하다.

내 아침 루틴의 마지막 단계는 사무실에 출근하는 것이다. 사무실이라고 해봐야 우리 집 지하실이다. 컴퓨터를 켜고 #빌리브 플레이리스트를 불러온 후 몇몇 노래에 맞춰 몸을 움직이면서 오늘 처리할 일에 자연스럽게 몰입한다. 너무나 많이 반복한 일이라 이제는 거의 자동으로 실행한다. 아무리 피곤해도 이 루틴을 따른다. 여행 중에도 루틴을 지킨다. 과정이 꽤 복잡한 것처럼 보여도 사실은 아주 단순해서 짧은 시간에 끝난다.

매일 아침 일을 시작하기 전에 두어 시간씩 준비할 필요가 없다. 몸무게를 재는 데 30초, 이를 닦는 데 2분을 쓴다. 간단히 운동하는 데 7분이면 충분하다. 맨발로 걷고 개를 산책시키는 데 10분이 걸린다. 특별한 때가 아니면 #빌리브 워크를 실행하는 데 대략 15분에서 20분이 걸리지만 여행할 땐 5분 정도로 줄이기도 한다.

그러니까 컴퓨터 앞에 앉기 전 평소대로 아침 루틴을 실행하는 데 35분에서 40분 정도 걸린다. 몸이 천근만근 무거울 때도 35분 만에 의욕 넘치게 일할 준비를 마칠 수 있다면? 내 기준에는 꽤 좋은 루틴이다.

내 아침 루틴을 물어보는 사람이 종종 있어서 여기에 공유한다. 하지만 내 루틴을 그대로 따라 할 필요는 없다. 내 루틴을 그대로 따르는 건 다른 사람의 모자를 쓰는 것과 같다. 아쉬운 대로 써먹을 수는 있겠지만 조금씩 변화를 주면서 자기에게 꼭 맞는 루틴을 찾아야 한다. 내가 변하고 발전함에 따라 루틴 역시 조금씩 변하고 발전한다. 이 같은 변화에는 아무 문제가 없다. 어떻게 하면 자신이 의욕을 느끼는지에 초점을 맞춰야 한다. 뭘 할 때 살아 있음을 느끼는가? 나는 간단한 운동으로 활력을 느낀다. 햇볕을 맞으며 신선한 공기를 쐬면 활력이 솟는다. 커뮤니티 회원들과 결속할 땐 삶의 목적을 되새긴다.

이 모든 활동을 루틴으로 실행하면 멋진 하루를 보낼 수 있는 환경이 자동으로 만들어진다. 아침에 루틴대로 행동하면 더 강한 실행력이 생긴다. 루틴이 습관이 되면 애쓰지 않아도 저절로 하게 된다. 그 결과 매일 아침 실행력을 얻게 된다. 애쓰지 않아도 그렇게 되는 것이다.

자신의 루틴을 살펴보고 어떤 활동을 더하면 더 큰 활력을 얻을지 생각해보자. 어떻게 하면 자기 자신에게 에너지를 불어넣고, 자존감을 높이고, 의지를 다지며 하루를 기분 좋게 시작할 수 있을까? '완벽한' 아침 루틴을 설계해야 한다고 조바심 내지는 말자. 그런 루틴은 없다. 매일 아침 오랜 시간 공을 들여 루틴을 실행해야 한다고 스트레스를 받을 필요도 없다.

5분 안에 할 수 있는 루틴을 하나 추가하자. 간단한 운동이어도 좋다. 밖에 나가 햇볕을 맞아도 좋다. 몸을 움직일 수 있는 음악을 듣는 건 어떨까? 명상이나 기도를 해도 좋다. 배우자나 아이들, 반려동물을 껴안거나 쓰다듬는 시간도 좋다. 목적에 맞는 영상을 보거나 시를 낭독하거나 오디오 클립을 들어도 좋다. 5분만 투자해보자. 루틴으로 하루를 시작하면서 이때 생기는 실행력을 확인하고 습관으로 만들어야 한다. 그런 뒤에 자신에게 도움이 되는 활동을 기존 루틴에 추가하면 좋다.

아침 루틴을 실행하는 법을 배웠으니 이제 나머지 일과를 관리할 때 시간을 어떻게 할당해야 실행력을 높일 수 있는지 알아보자.

#2
습관 둘

66일, 뻔한 인생을
바꾸는 시간

실행력을 떨어뜨리는 커다란 장애물 가운데 하나는 기존 작업에서 성격이 다른 작업으로 옮겨가는 것이다. 여기서 내가 지적하는 문제는 동시에 여러 가지 일을 하는 멀티태스킹이 아니다. 한 번에 한 작업만 하는 '모노태스킹Monotasking' 얘기다. 동시에 여러 일을 할 때도 그렇지만, 한 가지 일만 하더라도 기존 작업에서 성격이 전혀 다른 일로 옮겨가면 생산성이 떨어진다.

우리가 하는 일에는 제각각 특정한 에너지와 흐름이 있다. 사람들을 만날 일이 있다면 사업 계획을 세우면서 집중할 때와는 다른 에너지가 필요하다.

나는 영상을 만들 때 첫 번째 영상을 찍고 나면 똑같은 시간 안에 비슷한 영상을 네다섯 개 더 녹화할 수 있다. 생각해보자. 영상을 찍으려면 카메라와 조명, 마이크가 있어야 한다. 옷을 차려입고 머리를 단정히 해야 한다. 사실 나는 머리를 깔끔하게 빗는 데 시간을 제일 많이 쓴다! 또 어떤 영상을 만들지, 어떤 주제를 다룰지 검토하고 간단하게나마 대본을 써야 한다.

이땐 '에너지 넘치는 외향적인 자아'를 끌어내는 게 무엇보다 중요하다. 그러지 않으면 지루하기 짝이 없는 영상이 되고 만다. 이 단계는 나처럼 내성적인 사람에게 특히 어렵다. 이 모든 과정을 실행하려면 시간이 걸리고, 특히 첫 번째 영상을 찍으려면 시간이 꽤 많이 필요하다.

첫 번째 영상을 찍고 나면 그 이후로는 그렇게 힘들이지 않아도 또 다른 영상을 찍을 수 있다. 실행력을 키울 때 가장 어려운 단계는 일단 시작하는 것이다. 일단 실행력을 얻고 나면 그 힘을 이어가기는 쉽다. 조명이 설치됐고, 카메라도 이미 돌아가고 있다. 내 머리도 단장을 끝마친 상태다. 영상을 찍기 좋은 에너지도 만들어졌다. 그렇다면 여기서 촬영을 멈출 이유가 있을까? 이 상태라면 더 많은 영상을 만들 수 있다!

하지만 사람들 대다수는 일을 하나 끝내고 멈춰버린다. 일을 시작하고 실행력이 생겨 이제 막 궤도에 진입했으니 첫 결과물은 그리 훌륭하지 않다. 몰입하기까지 시간이 더 필요하기 때문이다. 그런데 이 지점에서 하던 일을 멈추고 다른 일로 옮겨버리는 경우가 많다.

업무를 옮기면 상당한 '전환 비용'이 든다. 사업계획서를 쓴다고 치자. 전날에 마지막으로 쓴 곳에서 다시 작업을 이어 가는 경우와, 며칠간 다른 작업을 하다가 돌아오는 경우를 비교해보면 어떨까? 후자라면 며칠 전에 하던 작업을 떠올리는 데만 한 시간이나 걸릴 수도 있다. 그러니까 어떤 일을 하나 끝내고 성격이 전혀 다른 일을 새로 시작하는 것보다는 한 가지 일을 이어서 하는 편이 훨씬 쉽다.

이 책만 해도 매일 글을 쓰는 방식이 큰 도움이 됐다. 만약 일주일 쉬었다가 돌아와서 글을 쓴다면 이전 원고를 다시 읽고 흐름을 찾아 똑같은 수준으로 몰입하며 에너지를 끌어올리기까지 못해도 두어 시간은 걸릴 것이다.

일주일 내내 글쓰기에 집중하면 더할 나위 없겠지만 완벽한 계획을 세우지 못해서 걱정하지는 않는다. 2퍼센트 차이 원칙을 적용해 일단 일을 저질렀다. 한 주 통째로 글을 쓰는 데 할애하려면 몇 개월 후에나 가능할 텐데, 그때까지 기다리다가는 실행력을 놓치고 말 것이다.

자기 일정을 완벽하게 제어하지 못할 때도 있다. 이해한다. 하지만 '제어할 수 있는' 한 비슷한 작업을 묶어 한꺼번에 처리하는 게 좋다. 비슷비슷한 일을 여러 번에 걸쳐 처리하고 있다면 한 달에 한 번, 한 주에 한 번, 하루에 한 번 몰아서 해결해보자. 내가 일주일 계획을 세울 때 작업을 어떻게 몰아서 처리하는지 예를 들어 설명하겠다.

성공을 부르는 주간 루틴

내 아침 루틴은 한결같다. 매일 똑같다. 저녁 루틴도 그렇다. 하지만 주간 루틴은 요일마다 정해진 일을 하면서 매일 달라진다. 주간 루틴은 다음과 같다.

월요일은 '멘토링하는 날'이다. 현재 우리 팀은 40명이다. 나는 멘토이자 교관 역할을 하는 리더가 되고 싶다. 팀원을 로봇이나 원숭이처럼 다루는 최고경영자가 되고 싶지는 않다. "여러분이 자기 할 일을 알아서 하면 내 시간을 뺏을 일도 없고 나한테 질문할 일도 없겠죠."라고 하면서 삭막한 분위기를 만들고 싶지 않다. 내가 바라는 최고경영자의 모습으로 거듭나려면 일정을 비워둘 필요가 있다.

그래서 월요일을 비웠다. 팀원들을 만나는 면담 시간은 보통 25분이다. 면담을 한 차례 끝내면 5분 동안 쉰다. 여기서 5분은 면담이 정해진 시간을 살짝 초과하거나 내가 화장실에 다녀오거나 물을 마셔야 할 때 적절한 간격이다. 나는 면담 시간에 멘토가 돼 팀원들을 만난다. 이런 시간을 갖는 목적은 팀원들을 지원하는 것이다. 내가 월요일에 할 일은 팀원들을 돕는 것뿐이다. 멘토링 시간에 생기는 실행력은 한 팀원에게서 다음 팀원에게로 이어진다. 그러다 보면 하루가 어찌나 빨리 지나가는지 놀라울 정도다.

화요일은 '유튜브 영상을 만드는 날'이다. 나는 매일 수많은 콘텐츠를 만들고 여러 채널에 영상을 올린다. 지난 10여 년간 한 번도 영상 올리기를 거른 적이 없다. 비결이 뭘까? 콘텐츠 제작을 일정대로 진행하기 때문이다. 만약 기분 내키는 대로 영상을 만들었다면 언제든 '더 중요한' 일이 생기기 마련이어서 일관성을 지키지 못했을 것이다.

나는 매달 첫 번째 화요일을 영상 콘텐츠 제작에 집중하는 날로 정해 종일 유튜브 영상을 만들고, 나머지 세 차례 화요일에는 소소한 콘텐츠를 찍거나 유튜브 운영 전략을 세운다. 우리 팀원들은 내가 화요일마다 유튜브 관련 작업을 한다는 걸 안다. 나는 팀원들에게 긴급한 사안을 제외하고는 문의 사항을 모아서 되도록 월요일에 논의하자고 부탁했다. 촬영을 중간에 멈추고 팀원과 얘기하다가 영상 작업으로 돌아오려면 '전환 비용'이 너무 크기 때문이다. ('긴급한' 사안이란 어떤 경우를 말하는지 팀원들에게 미리 알리는 것도 중요하다. 리더는 팀원들이 재량껏 의사를 결정할 수 있도록 믿어주고, 혹여 실수하더라도 비난하지 말아야 한다. 그래야 리더가 해야 하는 중요한 업무에 집중할 수 있다. 가능한 한 위기를 최소화하고 신속하게 처리하는 비즈니스 환경을 조성하는 게 중요하다.)

수요일은 '프로젝트를 진행하는 날'이다. 누구나 실행하고 싶은 프로젝트를 가슴에 품고 있다. 여건만 되면 해보고 싶은 일이 한두 개가 아닐 것이다. 당신은 그런 아이디어를 실제로 개발하는 시간을 따로 정해뒀는가?

다시 말하지만, 미리 일정을 짜서 이런 작업을 할 시간을 관리해야 한다. 그러지 않으면 '더 중요한' 일들이 일정을 모두 채워버리기 때문이다. 나는 어느 순간 일정이 너무 많아서 창의성을 발휘할 시간이 없다는 사실을 깨달았다. '과도한 일정에 매인' 기업인은 행복하지도 않고 새로운 돌파구를 만들어내지도 못한다. 나는 월요일에 정신없이 바쁘다. 화요일에도 일정이 빡빡하다. 목요일도 몹시 분주하다. 그래서 수요일을 창의성 발휘의 날로 남겨뒀다.

수요일에는 보통 사업 일정이 비어 있으므로 특별한 성과를 올려야 한다는 부담 없이 내가 가장 하고 싶은 프로젝트를 골라 작업한다. 창의성을 발휘할 땐 그 일이 생산적이고 질서정연하길 기대해선 안 된다. 수요일은 창의성을 발휘하는 날이지, 생산성을 높이는 날이 아니다. 창의성과 생산성 간에 균형을 이뤄야 한다. 창의성만 발휘하려고 하면 아무 성과도 올리지 못하고, 어떤 일도 끝내지 못할 것이다. 반면에 생산성만 높이려고 하면 모든 일이 '업무'로만 느껴질 테고 자신이 하는 일에 싫증이 나기 마련이다. 창의성과 생산성의 균형이 맞아야 행복해진다.

목요일은 '사람들을 만나는 날'이다. 내성적인 내가 힘과 용기를 끌어내 사람들과 이야기하는 날이다. 보통은 내 커뮤니티 안에서 훈련 프로그램을 진행하는 것으로 일정을 시작한다. 여기서 내 커뮤니티란 무브먼트 메이커스**Movement Makers**를 가리키는데, 여기에는 자기 사업이나 사회 운동 부문에서 독창적으로 활동하는 혁신가들이 모여 있다. 나는 이들을 지원하고 사회에서 영향력을 펼치는 데 동참한다. 모임 회원들은 모두 가족이나 다름없이 아끼고 사랑하는 사이다. 낯선 이들을 만나야 하는 목요일을 시작하기 전에 실행력을 얻기 가장 좋은 모임이다. 무브먼트 메이커스 일정이 끝나면 활력이 솟는다. 회원들 모두 행복을 느끼고, 그날 하루 놀라운 아이디어를 실현할 실행력을 얻는다!

커뮤니티 회원들을 만나 외향성을 충분히 끌어올렸으므로 곧바로 인터뷰나 팟캐스트, 생방송, 미디어를 다루는 일을 한다. 여기서 사업 계획 수립 같은 업무로 옮긴다면 전환 비용을 크게 치러야 하고, 기껏 얻은 에너지를 낭비하는 결과를 초래하게 된다. 만약 어떤 채널에서 나를 인터뷰했다면 녹화한 날은 틀림없이 목요일일 것이다. 나는 무브먼트 메이커스와 함께 목요일을 시작하고, 여기서 얻은 실행력을 바탕으로 손님들을 만나 인터뷰를 연이어 진행한다. 매 인터뷰는 25분 분량이고 5분간 쉰다. 그러다 보면 시간이 가는지도 모르게 하루가 끝난다. 목요일 일정을 마치면 세상을 다 얻은 기분이다.

금요일은 '최고경영자의 날', 최고경영자로서 사업을 구상하는 날이다. 금요일에는 수요일과 마찬가지로 일정을 많이 비워둔다. 다른 점이 있다면 수요일에는 회사와 무관하게 가슴에 품은 아이디어를 실현할 프로젝트에 집중하고, 금요일에는 회사의 미래를 생각하는 프로젝트에 집중한다는 것이다. 때로는 이 책을 쓰는 것처럼 개인 프로젝트가 회사의 새로운 사업 발굴과 겹치기도 한다. 금요일에 진행하는 프로젝트는 회사에서 이미 하는 일에 유익할 때도 있지만, 회사와 브랜드를 새로운 단계로 확장하는 일일 때도 있다. 금요일에 실행하는 프로젝트는 심지어 재미도 있다.

나는 재미가 중요하다고 믿는다! 만약 당신이 최고경영자로서 삶이나 사업을 어떻게 운영할지 구상하는 시간을 갖는다면 어느 요일이 적당할지 생각해보자. 따로 일정을 세워서 그런 시간을 갖는다면 가슴에 품은 비범한 아이디어가 실현될 것이다.

금요일 오후에는 관계망에서 중요한 사람들에게 연락해 소식을 나눈다. 오늘 아침 #빌리브 워크 중에 녹화한 영상에서 말했듯이, 나는 관계를 이어갈 사람들 100명을 목록으로 써놨다. 나는 원래 지인들에게 인사를 건네고 생일을 챙기는 데 서툰 편이었다. 그래서 사람들에게 연락하는 시간을 따로 정해 일정에 명시한다. 만약 100인 목록에 있는 어떤 사람과 지난 90일 동안 한 번도 대화를 나누지 않았다면 내가 먼저 그 사람에게 연락한다. 어떤 식으로든 돕고 싶다 제안하거나 지금 무슨 일을 하는지 안부 인사를 나누며, 도울 일이 있으면 기꺼이 돕겠다는 마음을 전한다.

꾸준히 연락하면서 관계를 맺는다고 가정할 때, 당신이 목표를 이루는 데 좋은 영향을 줄 사람이 누구인지 생각해보

자. 인적 네트워크를 만들고 유지하는 시간을 일정에 넣지 않으면 당신을 도와줄 강력한 관계망을 만들 수 없다.

요일마다 다른 일을 배정하고서 얻은 뜻밖의 소득은 각 요일에 하는 일을 그리워하게 된다는 점이다. 나는 일이 그리워질 때 기분이 좋다. 일주일 동안 영상 작업을 하지 못하면 그 일이 그립고, 촬영 일정이 어서 다가오기를 기다리게 된다!

나는 주말 루틴도 일정하게 지킨다. 이제 그 얘기를 해보자. 그런데 먼저 짚고 넘어갈 점이 있다. 일정과 루틴을 관리하는 법을 알려주는 건 일정을 빡빡하게 채워 자기 자신을 닦달하라는 뜻이 아니다. 목적이 이끄는 삶이 어떤 모습인지 이해하도록 도와주려는 것이다. 여기서 말하는 목적이란 직업만이 아니라 인생 전체에 적용되는 말이다. 자신이 바라는 삶에 도달할지 어떨지는 결국 매일 따르는 습관에 달렸다.

목적을 이루는 데 필요한 일을 습관처럼 실행하지 않는다면 꿈꾸는 삶은 그저 몽상에 불과하다. 꿈꾸는 삶이 실현되길 바라면서도 실행하지 않으면 소망은 영원히 이뤄지지 않는다. 그래서 나는 주말에도 시간을 어떻게 보낼지 일정을 세운다. 당신도 일주일 루틴을 정해 일단 시도해보고, 얼마나 더 행복한 시간을 보낼 수 있는지 직접 확인하길 바란다.

토요일은 '재미를 추구하는 날'이다. 보통 가족과 함께할 수 있는 재미난 일을 찾는다. 거리 축제나 새로운 레스토랑을 찾아가고, 따끈따끈한 신작 영화를 보러 간다. 장거리 하이킹을 하거나 새로운 곳으로 당일치기 여행을 떠나기도 한다. 자동차 극장에 가거나 커플 마사지를 받거나 비디오 게임을 할 때도 있다. 토요일 일정을 정하는 유일한 원칙은 재미가 있어야 한다는 것이다. 토요일은 생산성을 높이거나 업무를 처리하는 날이 아니다. 무엇보다도 가족 간의 유대감을 돈독히 다지는 시간이다.

일요일은 '집안일 하는 날'이다. 집 청소, 잔디 깎기, 장보기 같은 재미없는 일들은 언제 하는가? 일요일에 하면 된다. 정원의 잡초를 없애야 하는가? 일요일에 하자. 침대 틀과 커튼을 새로 사야 하는가? 일요일이 제격이다. 우리 부부가 기르는 개 중에 티모라는 시추가 한 마리 있다. 녀석의 털은 언제 잘라줘야 할까? 일요일이다. 토요일은 무조건 재미를 추구하는 날로 지켜야 한다. 그렇지 않으면 주말에는 항상 집안일만 하게 돼 가족이 함께하는 재미를 잃기가 십상이다. 그런 까닭에 우리 부부에겐 토요일과 일요일을 구분하는 게 매우 중요하다. 당신은 지난 주말을 어떻게 보냈는가? 시간을 즐겁게 보냈는가, 아니면 집안일을 하느라 분주하게 뛰어다녔는가? 우리 부부는 이사한 지 얼마 되지 않아서 일요일

주간 루틴

월요일: 멘토링하는 날

화요일:
유튜브 영상을 만드는 날

수요일:
프로젝트를 진행하는 날

목요일:
사람들을 만나는 날

금요일: 최고경영자의 날

CEO

일요일:
집안일 하는 날

토요일:
재미를 추구하는 날

에 처리할 일이 산더미처럼 쌓였지만, 어쨌든 그런 일에 집중할 시간이 따로 있음을 알기에 스트레스를 줄일 수 있다. 블라인드를 어떻게 해야 하는지, 시금치가 떨어졌는지 걱정하지 않아도 된다. 그런 일은 모두 일요일에 처리하면 그만이기 때문이다.

지금까지 내가 일주일을 어떻게 보내는지 소개했다. 월요일이 돌아오면 나는 다시 팀원들을 멘토링하는 데 집중한다. 이건 현재 내 삶에 맞춘 나만의 일정이라는 점에 유의하자. 앞에서 언급한 아침 루틴과 마찬가지로 내 일정을 그대로 따라 하는 걸 목표로 삼아선 안 된다. 내 루틴은 당신에겐 맞지 않는다. 당신이 원하는 삶은 어떤 모습인지, 당신에게 맞는 습관은 무엇인지 파악하는 게 목표가 돼야 한다.

자신의 일정을 마음대로 제어할 수 있는 사람이 있는가 하면 형편상 그렇지 못한 사람도 있다. 만약 아침 9시부터 저녁 6시까지 일하는 직장인이라면 수요일을 창의성 발휘의 날로 정하지 못할 것이다. 괜찮다. 우리는 여기서 '할 수 없는 일'이 아니라 '할 수 있는 일'에 집중해야 한다. 우리에겐 매주 스스로 제어할 수 있는 시간이 있다. 그 시간을 목적에 맞게 써야 한다. 재량껏 쓸 수 있는 시간을 모아 자신이 꿈꾸는 삶을 만드는 데 쓰자. 그러면 꿈꾸는 삶을 위한 시간을 점점 더

침대 부수기

늘릴 수 있고, 언젠가는 모든 시간을 제어할 수 있게 된다.

이를테면 직장을 그만두고 창업하는 게 목적인데 사업 구상에 집중할 시간이 일주일에 5시간밖에 없다고 하자. 그렇게 시작하는 것도 썩 괜찮은 편이다. 이 5시간을 목적에 맞게 쓰자. 그러면 꿈이 이뤄지기를 막연히 바라기만 하는 게 아니라 실제로 사업을 시작하는 데 한 걸음 다가가게 된다. 사업을 벌이고 매출이 나오기 시작하면 직장에 투자하는 시간을 줄일 수 있다. 나중에는 회사를 그만두고 자기 사업에 전념할 수 있다. 여기서 핵심은 일단 활용할 수 있는 시간부터 목적에 맞게 쓰는 것이다. 그러면 차츰 그 시간을 늘릴 수 있고, 마침내 모든 시간을 제어할 때가 온다.

여기서 목표는 모든 일정을 완벽히 제어하는 게 아니다. 일단 실행력을 얻는 게 중요하다. 목적을 이루는 데 부족한 건 실행력뿐이라는 사실을 잊으면 안 된다. 우선 이번 주 일정에서 조정할 수 있는 일이 뭔지 살펴보자. 작은 변화로 생긴 실행력을 유지하면서 계속 앞으로 나아간다면 나중에는 크나큰 성과로 이어질 것이다.

그렇다면 일관된 일정을 지킨다는 원칙에 예외는 없을까? 항상 엄격하게 일정을 지켜야만 하는가?

무슨 일이 있어도 일정을 지켜야 할까?

물론 예외가 있겠지만 일단은 자신이 세운 일정을 지켜야 한다. 일정을 세울 땐 비슷한 작업끼리 묶어 시간을 관리하고, 주어진 여건에서 무리하지 않도록 해야 한다. 뭔가 하겠다 선언하고서 그 약속을 어기는 건 절대로 안 된다. 단기간에만 할 수 있는 일을 장기간 이어가겠다며 자기 능력을 과대평가하고 무리한 계획을 세우는 일도 없어야 한다. 한 번에 하나씩 작은 변화를 이루면서 실행력을 키워나가고 개선할 점을 추가하는 편이 좋다.

남들은 모르지만 내겐 일정을 어겨도 괜찮은 경우가 2가지 있다. 이 예외 상황에서는 원칙을 깨도 아무 문제 없다. 드문 경우이긴 하지만, 2가지 예외가 동시에 생길 땐 주간 일정을 바꾸기도 한다.

첫 번째 예외는 '몰입'이다. 몰입이란 극상의 실행력이다. 어떤 일에 푹 빠지면 자신이 감당하지 못할 정도로 창조성이 쏟아져 나온다. 만약 어떤 일에 몰입한 상태라면 최상의 결과를 만들어내고 있으므로 중간에 멈추지 말아야 한다. 그만한 가치가 있을 것이다.

이 책이 좋은 예다. 몰입감을 느끼는 날은 글을 쓸 때 너무

침대 부수기

신난다. 당신도 이 책을 즐기며 가치 있는 것을 얻으면 좋겠다. 이번 주말이면 십중팔구 이번 장과 다음 장 집필을 마무리하게 된다. 그렇지 않을 가능성도 배제할 수는 없지만, 다음 장까지 마무리하는 게 목표다. 지금 이 책을 막힘없이 쓰는 중이고, 여기서 멈추고 싶지 않기 때문이다.

이 말인즉슨 재미를 추구하는 토요일 일정을 지키지 못할 수도 있다는 뜻이다. 집안일에 집중하는 일요일 일정 역시 지키지 못할 수도 있다. 그렇게 되면 주말에 힘들어지긴 한다. 니나와 나는 이사하느라 너무 바빴다. 해야 할 집안일도 많다. 토요일에 즐겁게 지내지 못하고 일요일에 집안일할 시간도 없어진다면 달가운 일은 아니다. 하지만 나는 글쓰기에 몰입한 상태다. 그러니 일정을 깨고서라도 이 일을 계속할 가치가 있다.

몰입을 예외로 둘 때 중요한 점은 자신을 속이지 않는 것이다. "나는 지금 이메일을 쓰는 데 몰입했으니 쭉 이어가야 해"라고 변명해서는 안 된다. 어떤 일에 정말로 몰입한 상태인지 아닌지는 자신이 더 잘 안다. 반드시 지금 해야 하는 일이 아니라면 몰입을 핑계 삼아 거짓말을 해선 안 된다. 주말에 아내와 시간을 보내거나 집안일을 할 생각이 없다면 애초에 아내나 가족을 만들지 말았어야 한다. 몰입은 어디까지나

'예외'일 뿐, 원칙은 지켜야 한다. 매번 예외 상황이 생긴다면 새로운 일정을 만들어야 하고, 그러면 전혀 다른 생활을 하게 될 것이다.

두 번째 예외는 '여행'이다. 여행할 때 내 일정은 엉망이 된다. 일단 아침 루틴은 그대로 실천한다. 영상도 꾸준히 찍는다. 하지만 월요일에 외부에서 강연하게 되면 그 주에는 팀원들과 면담하지 못할 것이다. 수요일에 여행 중이라면 프로젝트도 수행하지 못한다.

나는 여행 전에 일을 최대한 처리하고, 비행기로 이동하는 중에도 업무 추이를 파악한다. 돌아와서는 그간 놓친 것들을 빨리 따라잡으려 최선을 다한다. 여행을 떠나는 목적은 내 삶이나 사업에 새로운 돌파구를 만들어내는 것이므로, 몰입을 예외로 둔 것처럼 기존 일정을 따르지 못해도 괜찮다. 이런 시도는 가치 있는 일이다. 결과는 장담할 수 없지만, 여행을 떠나는 목적 자체에 그만한 가치가 있기 때문이다.

이 모든 일은 목적이 이끄는 삶을 사는 문제로 귀결된다. 자신과 일, 가족에게 어떤 시간이 필요한지 파악해야 한다. 우리에겐 시간이 있다. 그러니 시간을 잘 쓸 계획만 세우면 된다. 비슷한 작업을 묶어서 같은 시간대에 처리하면 생산성을 크게 높일 수 있다. 자신이 꿈꾸는 삶을 실현하기 위한 일정을 세우고 습관으로 만들어야 한다. 이렇게 일정을 세우고 따르는 건 실행력을 지키는 좋은 방법 가운데 하나다. 이 실행력을 유지할 때 자신이 바라는 미래를 창조할 수 있다.

습관을 고수하는 데 도움이 되는 전략이 필요한가? 내가 만든 '가위표 플렉스' 전략을 시도해보자.

가위표 플렉스 전략

유럽 사회심리학 저널에 따르면 새로운 행동을 습관으로 만들기까지 평균 66일이 걸린다고 한다. 이 기간이 지나면 놀라운 순간이 찾아온다. 애써 생각하거나 기억할 필요도 없이 저절로 그 일을 실행하게 된다. 그만큼 익숙해졌기 때문이다. 새로운 습관을 만드는 데 걸리는 기간은 최소 18일, 평균 66일, 최장 254일이다.

어떻게 하면 그런 수준으로 일관성을 유지할 수 있을까? 습관으로 만들고픈 일을 단 하루도 거르지 말아야 한다. 매일 같은 일을 되풀이하는 전략을 두고 코미디언 제리 사인펠드Jerry Seinfeld의 이름을 따서 '사인펠드 전략Seinfeld Strategy'이라고 부르는 이들도 있다. 사인펠드는 일 년 치 날짜가 적힌

커다란 달력을 벽에 붙여놓고 매일 같은 일을 실행한 것으로 유명하다. 날마다 재밌는 농담을 지어내는 게 목적이었던 사인펠드는 목표를 이룬 날에 커다란 붉은색 마커를 쥐고 해당 날짜에 'X'표를 그렸다.

사인펠드는 이렇게 말했다. "며칠 지나면 가위표가 체인 무늬를 그립니다. 하루하루 목표를 이루면 체인이 점점 더 길어집니다. 몇 주가 지나면 길게 이어지는 체인을 보는 게 즐거워져요. 우리가 할 일은 그 체인을 끊지 않는 것뿐이죠."

습관을 만들 때 이렇게 가위표를 활용하는 '가위표 플렉스 **Flex The X**' 전략을 쓰면 효과적이다.

내가 개발한 '가위표 플렉스'는 중요한 습관을 만들 때 효과적인 도구다. 이 도구는 4단계로 돼 있다. 1단계, 자신이 만들고 싶은 습관이 뭔지 명확하게 파악한다. 2단계, 이 습관을 만들어야 하는 강력한 '이유'를 적는다. 이 습관을 '고수해야 하는' 이유가 무엇인가? 3단계, 경로에서 이탈하게 하는 외부 자극을 이해하고, 이런 자극이 생길 때 어떻게 대응할지 알아야 한다.

일례로 나는 건강한 식단을 지키는 습관을 들이고 싶었다. 그 '이유'는 멋진 몸매를 만들고 오래 살기 위해서다. 그런데 편두통이나 수면 부족, 여행 같은 외부 자극을 만나면 정크푸드를 자주 먹었다.

그래서 외부 자극에 따른 해결책을 생각해냈다. 편두통이 생기면 밖으로 나가 신선한 공기를 마셨다. 수면이 부족할 땐 누워서 휴식을 취했다. 여행할 땐 건강한 먹을거리를 챙겨서 떠났다.

4단계, 습관을 지킬 때마다 '가위표'를 표시할 달력을 준비한다. 달력의 종류는 습관을 만들고 유지하는 데 걸리는 시간에 따라 3가지로 나뉜다. 처음 습관을 기르는 18일짜리 달력, 습관을 유지하는 66일짜리 달력, 습관을 실천하는 254일짜리 달력이다.

이제 자신이 만들고 싶은 습관과 그 이유, 습관에서 벗어나게 하는 외부 자극을 파악하자. 달력을 가져와 늘 확인할 수 있도록 냉장고에 붙여두자. 그리고 나서 할 일은 '가위표를 플렉스'하고, 가위표가 만들어내는 체인이 '끊어지지 않도록' 하는 것이다.

이 책을 읽는 사람들은 가위표 플렉스 달력을 무료로 받을 수 있다. 인쇄한 다음 냉장고에 붙여놓고 빈칸을 채우면서 실행력을 키우자. 사진을 찍어서 나를 태그하면 나도 당신을 응원하겠다!

QR코드를 통해 보너스 페이지에서 가위표 플렉스 달력

을 내려받자. 여기에는 '습관 기르기'
18일 달력, '습관 유지하기' 66일 달력,
'습관대로 살기' 254일 달력이 있다. 이
달력이 삶을 혁신하는 데 필요한 실행
력을 키워줄 것이다.

#가위표 플렉스
달력

가위표 플렉스는 자신이 무슨 '이유'로 어떤 일을 하는지
생각하는 데 도움을 준다. 지금부터는 습관과 관련해 또 다
른 이야기를 해보자. 좋은 습관을 기를 때 '원대한 이유'와 '작
은 이유'가 어떤 역할을 하는지 살펴보자.

침대 부수기

습관

어떤 습관을 기르려고 하는가? '새로운 나'를 만들기까지 18일간 자기 자신과의 약속을 지켜야 한다.

이유

자신을 사로잡는 강렬한 이유가 있어야 습관을 이어갈 수 있다. 특정 습관을 기르고 싶은 강력한 '이유'가 있을 때 이를 실현할 '방법'을 찾게 된다.

외부 자극

새로운 습관을 유지하는 데 방해가 되는 외부 자극과, 이 자극에 대처할 방법을 적는다.

1. 상기한 외부 자극이 생기면 어떻게 대처할 것인가?
2. 상기한 외부 자극이 생기면 어떻게 대처할 것인가?
3. 상기한 외부 자극이 생기면 어떻게 대처할 것인가?

습관 기르기 18일 달력

새 습관을 기르려면 최소 18일간 꾸준히 실행해야 한다. 성공 여부는 여기서 갈린다!

#3
습관 셋

삶을 위한
'원대한 이유'와 '작은 이유'

꿈꾸는 인생을 바라보면서 원대한 목표를 향해 나아가는 건 생각만 해도 설레는 일이다. 원대한 목표를 향한 야심을 품어야 한다. 목표는 삶에 강한 영향력을 미쳐야 한다. 앞으로 나아갈 의욕을 끌어올려야 한다.

하지만 그 원대한 목표가 당신을 정반대 방향으로 이끌어갈 때도 있다. 꿈꾸는 인생이 너무나 큰 목표처럼 느껴질 때면 오히려 실행력이 사라지기도 한다. 도저히 실현 불가능한 일이라고 느껴지기 때문이다. 목표가 너무 원대해서 감당하기가 벅차고, 자신과 동떨어진 일처럼 느껴질 때가 있다.

이런 느낌이 든 적 있는가? 어떤 날엔 원대한 목표를 바라보며 의욕이 샘솟고 어서 빨리 실행하고 싶다는 생각이 든다. 반면에 어떤 날에는 똑같은 목표인데도 너무 거창하고 절대로 이룰 수 없는 일 같아서 섣불리 실행하지 못한다.

이 문제의 해결책은 '원대한 이유와 작은 이유'를 찾는 습관을 기르는 것이다. '원대한 이유'란 그야말로 원대한 목표다. 목표는 크게 가져야 한다. 모두가 대단하다고 인정할 만한 것이어야 한다. 놀라운 것이어야 한다.

내가 찾은 원대한 이유는 '세상에서 가장 큰 난제'를 해결하는 것이다. 내가 생각하기에 사람들이 겪는 가장 큰 어려움은 믿음의 부재다. 나는 누구나 한 분야에서는 마이클 조던 같은 천재성이 있다고 생각한다. 당신 안에는 한 분야에서 최고가 될 역량이 있다. 그 분야는 당신이 학교에서 전공한 학문이나 부모님의 생업과 무관할 수 있다. 전혀 다른 분야에 잠재력이 있을 수도 있다. 사람들은 대개 자신이 위대해질 수 있다고 믿지 않는다. 꿈을 실현할 길이 있다고도 믿지 않는다. 내가 책이나 콘텐츠, 강연 등으로 시도하는 모든 일은 이 문제를 해결하기 위한 것이다.

나는 사람들이 자신의 역량을 믿길 바란다. 우리가 이 문제를 해결한다면 인류가 직면한 다른 모든 문제도 해결할 수 있다. 암, 기후 변화, 분쟁, 빈곤, 부패……. 모든 문제는 각 분야의 마이클 조던 같은 사람들, 다시 말해 자신이 문제를 해결할 수 있음을 믿고, 이를 실현하고자 실행력을 발휘하는 사람들이 풀어낼 수 있다.

미친 소리처럼 들릴 수도 있겠지만 상관없다. 당신이 원대한 이유를 찾았다면 세상 사람들에겐 미친 소리로 들리는 게 '당연'하다. 내가 찾은 이유는 원대하다. 세상 사람들에겐 너무 거창하고 실현 불가능해 보인다. 내가 결코 도달하지 못할 꿈처럼 보일 것이다.

그렇지만 나는 그 꿈에 다가가려고 거대한 바다에 매일 돌멩이를 던져 파문을 일으킨다. 모든 이가 자신의 역량을 믿게 하는 것, 그것이 내가 일하는 원대한 이유다. 자신이 살아가는 이유가 뭔지 아는 건 가치 있는 일이다. '원대한 이유'를 찾는다면 어떤 문제라도 이겨낼 수 있다.

하지만 삶의 '원대한 이유'가 커도 너무 크다는 생각이 들 때가 있다. '내가 뭐라고 이런 난제를 해결한단 말인가?' 여기서 다음 단계로 나아가려면 자신의 역량을 의심하는 목소리와 싸워서 이겨야 한다. 나는 오늘 아침에 침대에서 나오고 싶지 않았다. 나를 구해줄 아침 루틴이 없었더라면 이 순간에도 이불 속에 누워 있었을 것이다! 그런데 지금은 이불을

침대 부수기

박차고 '세상에서 가장 어려운 문제'를 해결하겠다니. 내가 무슨 소릴 하는 걸까?

당신도 이런 경험이 있는가? 당신이 좇는 목표와 꿈이 너무 거창하거나 허무맹랑하다는 친구나 가족이 있는가? 친구나 가족까지 찾을 것도 없다. 다름 아닌 당신 자신이 그런 말을 하고 있진 않은가? 그렇게나 큰 꿈을 좇는 건 정신 나간 짓이라고, 결코 해내지 못할 거라고, 창피당하기 전에 지금 당장 멈추라 하고 있진 않은가? 이때 필요한 게 삶을 살아가는 작은 이유다.

원대한 이유가 벅찰 땐 작은 이유에 초점을 맞춰라

작은 이유에 눈을 돌리면 우리가 추구하는 원대한 사명을 잠시 잊고 오늘 실행하는 일에 초점을 맞출 수 있다. 작은 승리를 맛보면 자신이 하는 일에 가치가 있고, 그러니 계속해야 한다는 자신감이 생긴다. 당신에겐 앞으로 나아갈 힘을 주는 작은 이유가 있는가?

거듭 말하지만, 사람은 누구나 자신이 하는 일이 중요하다고 느끼길 원한다. 우리가 매일 아침 눈을 뜰 때 바라는 하루도 그렇다. 그러니 원대한 이유가 너무 크게 느껴지고 목표를 이룰 수 없어 오늘 하루가 무의미하다는 생각이 들면 자신이 살아가는 작은 이유를 떠올리자. 그러면 오늘 하루에도 나름의 의미가 있음을 되새기고 실행력을 유지해야 한다는 사실을 기억하게 된다.

앞서 #빌리브 워크 중에 조슈아에게 보낸 10초짜리 영상을 생각해보자. 조슈아는 얼마 전 인스타그램 팔로워 수가 400명을 넘어섰고, 나는 하루 일정에서 10초를 쪼개 축하 영상을 보냈다. 이런 일이 바로 내가 살아가는 작은 이유다.

세상 모든 사람이 자신의 잠재력을 믿게 하겠다는 원대한 사명을 도저히 이룰 수 없다는 생각이 들면, 조슈아에게 그랬듯이 지금 내가 응원할 수 있는 한 사람에게 집중한다. 세상 사람을 모두 돕진 못할지라도, 나는 오늘 조슈아를 도왔다. 그 영상 메시지는 조슈아에게도, 내게도 의미가 있었으므로 이 일에는 계속할 가치가 있다.

로렌 아이슬리Loren C. Eiseley의 《별을 던지는 사람The Star Thrower》을 각색한 '불가사리 이야기Tale of the Starfish'라는 멋진 동화가 있다. 이 이야기는 다음과 같다.

어린 소녀가 해변을 따라 걸었다. 해변에는 폭풍이 사납게 몰아친 날 떠밀려 온 불가사리 수천 마리가 널브러져 있었다. 소녀는 불가사리를 한 마리씩 주워 바다에 툭툭 던져 넣었다. 사람들은 소녀를 흥미롭게 지켜봤다. 소녀가 한동안 이 일을 계속하니 한 노인이 다가와 말했다. "얘야. 뭣 때문에 이 수고를 하니? 이 드넓은 해변을 보렴! 네가 이 많은 불가사리를 전부 구할 수도 없는 노릇이잖니? 네가 그렇게 애써도 별반 차이가 없단다." 소녀는 기운이 빠져 좌절한 듯했다. 하지만 잠시 후 몸을 굽혀 또 다른 불가사리를 집어 들더니 있는 힘껏 바다로 던졌다. 그러고는 노인을 보며 말했다. "적어도 저 불가사리한테는 차이가 있겠죠!" 노인은 호기심 어린 눈빛으로 바라보며 소녀가 한 말과 행동을 생각했다. 마음이 동한 노인은 소녀와 함께 불가사리를 바다에 던지기 시작했다. 곧이어 많은 사람이 그들의 일에 힘을 보탰고 결국 해변의 불가사리를 모두 구했다.

여기서 해변에 널린 불가사리를 모두 구하는 일은 '원대한 이유'라고 할 수 있다. 그 일은 거대한 난제고 어린 소녀 혼자 해결하기는 불가능하다. 하지만 소녀는 '작은 이유'를 찾아 불가사리를 한 마리씩 살려냈다. 그렇게 수많은 불가사리의 생명을 구했다.

인생을 살아가는 작은 이유를 기억한다면 소중한 승리를

맛볼 기회는 어디에나 있다. 가령 오늘 어떤 사람을 도왔을 수도 있다. 이번 주에 200g 넘게 몸무게를 줄였을 수도 있다. 새로 올린 영상에 누군가가 의미 있는 댓글을 달았을 수도 있다.

원대한 목표가 너무 크게 느껴지는 날에는 작은 이유를 찾으며 오늘 하루를 살아갈 실행력을 얻자. 그러면 자신이 의미 있는 일을 한다는 사실을 기억할 수 있다.

이 얘기가 나온 김에 말하자면, 다른 사람들에게 작은 이유가 돼주는 것도 좋은 전략이다.

다른 사람을 위한 '작은 이유'를 선물하자

모든 사람은 자기가 하는 일이 남들에게도 유익하고 가치 있길 바란다. 당신도 마찬가지다. 자신이 하는 일을 통해 누군가에게 긍정적인 피드백을 받은 경험이 있다면 그 가치를 잘 알 것이다. 당신도 삶에서 만나는 사람들에게 감사를 표현하고, 그 사람들이 살아갈 작은 이유가 돼주는 건 어떨까?

사람들을 초대해 소규모 팟캐스트 방송을 진행할 때면 시작하거나 마무리할 즈음 이런 질문을 받곤 한다. "어디서 주로 활동하시나요? 어떻게 하면 당신이 하는 일을 도울 수 있나요?" 내 답변은 늘 같다. 내 책을 사서 읽거나 콘텐츠를 보는 것도 좋지만, 영상에 좋은 댓글을 남기는 게 가장 멋진 선물이라고 말한다. 당신이 구독하는 유튜브 채널이 있다면 댓글을 써서 그 사람을 도와주길 바란다. 처음 유튜브 방송을 시작할 때 영상에 댓글이 하나도 달리지 않았던 기억이 난다. 영상을 확인할 때마다 좋은 댓글이 달리는 건 축복과도 같다. 격려해주는 댓글을 보면 내가 가치 있는 일을 한다고 확인받는 느낌이다.

오늘 우리가 남기는 칭찬 한마디에 누군가는 꿈을 접기도 하고, 꿈을 붙잡아 꾸준히 정진하기도 한다. 야심 차게 시작했지만 실행력을 유지하지 못하고 꿈을 접는 이가 많다. 자신이 살아갈 원대한 이유는 찾았을지 몰라도 작은 이유를 찾지 못해서 포기하는 것이다. 오늘 당신이 그 사람들에게 작은 이유가 돼준다면 다음 단계로 나아갈 실행력을 선물할 수 있다. 주변 사람들에게 부정적인 말만 듣고, 두렵고, 불안하고, 자신감이 떨어질 때 칭찬 몇 마디가 얼마나 큰 힘이 되는지 모른다.

지금 내가 하는 말에 공감한다면 당신이 좋아하는 유튜버나 작가, 미술가 혹은 주변 사람들을 돌아보길 바란다. 15분

쯤 시간을 내서 그 사람들에게 감사의 말을 전하면 어떨까. 그 사람들이 하는 일이 당신에게 어떤 가치가 있는지 말해주자. 그 사람들에게 고맙다 인사하고, 당신이 어떤 도움을 받았는지 구체적으로 언급하면 더욱 좋다.

만약 어떤 유튜브 영상에 댓글이 수천 개 달렸다면 당신이 단 댓글 하나가 크나큰 영향을 미치지는 못할 것이다. 당신이 거기에 긍정적인 댓글을 달아도 유튜버가 보지 못할 가능성이 크다. 나름 유튜브 경력이 쌓인 나는 모든 댓글에 감사할 뿐 아니라 시청자들과 함께 훌륭한 커뮤니티를 만든 데도 감사한다. 어디서나 칭찬을 자주 들은 덕에 이 일을 계속해야 한다는 책임감이 생겼다.

하지만 어떤 동영상에 댓글이 하나도 없다면, 그러니까 아무도 그 영상에 댓글을 달지 않았다면, 거기에 첫 번째 칭찬 댓글을 달아보자. 쓰는 데는 10초도 안 걸릴 테지만 그 댓글 하나가 엄청난 격려가 된다. 이는 신간 도서를 출판하는 작가나 새로운 팟캐스트 진행자, 작품을 세상에 내놓은 화가에게도 똑같이 적용된다.

자신의 꿈을 좇는 사람 누구나, 주변에서 어떤 지원도 받지 못한다면 꿈을 지켜나가는 데 어려움을 겪는다. 사람들은 대게 자신의 역량을 믿지 못한다. 당신도 과거에 비슷한 경험을 했을 것이다. 그러니까 오늘 잠깐 시간을 내서 다른 사람들이 꿈을 잃지 않고 앞으로 나아갈 작은 이유가 돼주지 않겠는가? 몇 년이 지나 그 사람들을 다시 만날 때, 초창기에 당신이 건넨 격려가 큰 힘이 돼 마침내 성공했다는 말을 듣는다면 그보다 기쁜 일이 없다. 이런 성공담은 아무리 들어도 질리지 않는다.

일이 처음부터 아무 문제 없이 술술 풀릴 리는 없다. 시작하자마자 격려와 감사가 쏟아지는 것도 아니다. 그러니 실행력을 유지하려면 '결과가 아닌 노력하는 과정에서 자신의 가치를 찾는 습관'을 들여야 한다.

#4
습관 넷

목뼈가 부러져도
끝까지 간다

실행력을 잃어버리는 가장 큰 이유 중 하나는 저조한 성과다. 성과가 쏟아져 나올 땐 앞으로 나아갈 힘이 생긴다. 하지만 아무 성과도 보이지 않을 땐 일을 계속할 용기를 내기가 어렵다.

사람들의 심리를 들여다보면 대개 실패를 개인의 문제로 받아들인다. 그 때문에 실패 경험을 싫어한다. 성과를 내지 못하고 실패한 자신을 낙오자로 여긴다. 시작하지 않으면 실패할 일도 없다. 하지만 아이디어가 처음 떠올랐을 때 생긴 실행력은 곧 사라지고 만다.

침대 부수기

여기서 핵심은 자기 정체성에 있다. 당신은 자신을 어떤 사람으로 평가하는가? 성과를 얻는 데서 자신의 가치를 발견하는 사람은 좋은 결과가 나올 때만 자신을 사랑할 수 있다. 이 경우 성과를 얻을 가능성이 큰 아이디어만 선별해 도전하게 될 것이다. 이런 사람은 결국 위험 부담이 없거나 자기가 잘 아는 분야에 속한 일만 시도하게 된다.

성인이 세 살짜리 아이들과 달리기 시합을 벌인다고 상상해보자. 뒤로 돌아서 한 다리로만 뛰어도 간단히 이길 수 있다. 경주에서 이겼으니 도파민이 나오고, 금메달 사진을 인터넷에 올리면 사람들에게 축하 메시지도 받을지 모른다. 하지만 내심 기분이 좋지 않다. 거저 얻은 승리로는 성취감이 들지 않기 때문이다.

이는 잘못된 경주에 도전하고 있음을 알리는 신호다. 아무 위험이 없는 쉽고도 지루한 경주를 선택했지만, 사실은 경쟁다운 경쟁에 도전하고 싶은 것이다.

여기서 핵심은 결과가 아니라 노력하는 과정에서 자신의 가치를 찾아야 한다는 것이다. 좋은 결과가 나올 때만 자신의 가치를 인정한다면 승리를 예감하는 경쟁에만 도전하게 될 것이다. 어려운 일에 도전하고 용감하게 경쟁하는 데서 자신의 가치를 찾는다면 예전에는 생각지도 못한 일에 도전하게 될 것이다.

경쟁다운 경쟁을 치른다면 비록 승리하지 못하더라도 2가지 중요한 변화를 경험하게 된다.

첫째, 실력이 괄목상대한다. 강력한 경쟁자들과 겨루면서 실력이 저절로 늘어나기 때문이다. 강철이 또 다른 강철을 날카롭게 한다. 세 살짜리 아이들과 시합할 땐 노력할 필요가 없으므로 실력을 키울 기회도 없다.

둘째, 장기적 관점에서 훨씬 큰 성취감을 맛본다. 승리 횟수는 줄어들 테지만 더욱 어려운 경주에서도 이길 수 있다. 앞으로 5년 동안 참가할 경주를 상상해보라. A는 세 살짜리 아이들과 손쉬운 시합을 치르며 금메달 100개와 상금 100달러를 획득한다. B는 쟁쟁한 경쟁자들과 힘겨운 시합을 치르며 5년 동안 겨우 두 차례 금메달을 목에 걸었지만 상금 100만 달러를 획득한다. 두 사람의 역량이 똑같다고 가정할 때, A가 쉬운 시합에만 참여하는 동안 B는 어려운 시합에 도전하기 때문에 자신의 잠재력을 끌어낼 수 있다. 더 크고 어려운 시합에 참여한다는 건 더 많이 패배하리라는 뜻이지만, 결국에는 훨씬 더 큰 승리를 거둘 것이다.

나는 이 전략을 기억한 덕분에 목뼈 골절이라는 크나큰 장애물을 만났을 때도 포기하지 않고 앞으로 나아갈 수 있었다.

미국 순회강연 중에 목뼈가 부러졌다

목뼈가 그럴듯한 이유로 부러졌다면 어땠을까 생각하곤 한다. 가령 스카이다이빙을 했다거나 누군가의 생명을 구하려고 자동차 앞으로 뛰어들어서 다쳤다고 하면 멋지지 않은가. 하지만 내가 다친 건 그런 이유가 아니었다. 나는 미국 순회강연 일정 중 신체기능을 끌어올리는 차원에서 몇 가지 동작을 연습하다가 갑자기 정신을 잃고 벽에 머리를 박았다. 이어서 바닥 걸레받이에 부딪쳐 경추 두 곳이 부러졌다. 엄청나게 아팠다.

이마에 큰 딱지가 생겼고, 60일 동안 목 보호대를 차야 했다. 난생처음 뇌진탕으로 고생했다. 의사는 50퍼센트 확률로 척추 수술이 필요할 거라고 했다. 게다가 이 사건은 니나의 생일에 일어났다. 하필이면! 사람들은 내가 그냥 캐나다 집으로 돌아가길 바랐다. 우리 팀원들과 에이전트, 가족과 커뮤니티 회원들까지 한목소리로 내가 남은 일정을 포기하길 바랐다. 나는 토론토에서 2,400킬로미터나 떨어져 있었고, 높은 고도에서 생기는 압력을 우려한 탓에 탑승을 허락하는 항공사가 한 곳도 없었다. 하지만 나는 이대로 포기하고 싶지 않았다. 비록 괴로운 일이 벌어졌지만 일정대로 움직여보고 싶었다!

당시 우리 부부는 콜로라도주 덴버에 있었고 며칠 후 향할 목적지는 미주리주 캔자스시티였다. 나는 얼른 퇴원한 뒤 니나와 캔자스시티로 향했다. 뇌진탕 후유증으로 머리가 어지럽고 집중력이 떨어졌다. 밝은 빛을 볼 때마다 두통이 극심해졌다. 하지만 시도해보고 싶었다. 기업인들과 어울리면 몸 상태도 좋아질 것 같았다. 하지만 평소처럼 서너 시간씩 세미나를 진행할 상태는 아니었기에 캔자스시티까지 돈을 내고 찾아온 모든 이에게 참가비를 돌려줬다. 짧은 영상을 만들어 나한테 무슨 일이 있었는지 설명하고, 그렇지만 예정대로 호텔에 도착할 거라 알렸다. 행사장 이용료를 이미 냈는데 가지 않을 이유가 있겠는가? 그저 서너 시간짜리 강연을 못 할 뿐이었다. 니나는 매의 눈으로 지켜보다가 내가 기절하려고 하면 곧바로 행사를 중단할 생각이었다. 니나는 내 입술이 마르지 않았는가 신경을 썼고, 나는 아내가 눈치채지 못하도록 무대에 있는 동안 물을 마시고 입술을 핥으며 시간을 벌었다. 나는 니나가 예상한 것보다 30분 더 무대에 서 있었고, 한 시간 반가량 강연했다. 평소 강연 시간의 절반 수준이었고, 내용도 다치기 전보다 못했다.

하지만 나는 포기하지 않고 예정대로 순회강연을 마쳤

다. 4일마다 새로운 도시에서 세미나를 진행했다. 마지막 도시는 클리블랜드였는데, 강연을 마치고 그대로 바닥에 드러누웠다. 한 시간 정도 누워 있으니 순회강연이 마침내 끝났다는 게 실감났다. 각 도시에서 머물며 강연할 때마다 기운을 회복하고 더 많은 에너지를 얻었다. 하지만 클리블랜드에서 일정을 마칠 때까지도 여전히 3개월 전에 처음 콜럼버스에서 강연할 때보다 역량이 떨어졌다. 나는 순회강연 마지막한 달 동안 강연장 맨 앞자리에 앉아 베개를 여러 개 받치고목에 얼음주머니를 대고 있었다. 순회강연 초반 분위기는 전혀 달랐다. 그때 나는 무대에서 걷고 움직이고 뛰어다녔다.

홍미로운 사실이 하나 있다. 목이 부러진 '후에' 사람들이내 말에 훨씬 더 깊은 인상을 받았다는 것이다. 사람들은 내가 사고를 당한 후에도 강연하는 걸 보며 놀라워했고, 그 모습만으로도 큰 자극을 받았다. 사람들은 나를 보며 비록 미흡한 점이 있더라도 일단 실행에 옮겨야겠다는 의욕을 품었다. 강연 품질은 떨어졌지만 나 역시 결과보다는 노력한 과정 자체를 높이 평가하기로 마음먹었다. '승리 횟수는 줄었지만' 그대로 포기하고 집에 돌아가는 대신 어렵고 힘든 경주에 도전했다는 사실이 자랑스러웠다. 이제부터 이 원칙을 당신의 삶에도 적용해보자.

성공은 무수한 실패 끝에 온다

누구나 좋은 결과를 바란다. 지금 내가 하는 말은 성과를 얻지 못하는데도 노력을 거듭하며 그 상황에 만족하라는 뜻이 아니다. 노력하는 과정 자체가 목표고, 결과는 그 과정에 자연스럽게 따라오는 부산물이라는 뜻이다.

성공한 사람들을 살펴보면 가장 흔하게 발견되는 공통점이 있다. 실패를 거듭하고 나서야 성공했다는 사실이다. 실패를 겪어야 비로소 성공한다는 사실을 다들 '머리로는' 알면서도 '가슴으로는' 받아들이지 못한다. 사람들은 목표를 이루지 못하고 실패할 때 인생에서 낙오자가 된 것처럼 느낀다. 실패하고서도 계속 나아가려면 결과가 아니라 노력하는 과정에서 자신의 가치를 찾아야 한다. 실패에 연연하지 않게 되면 자신이 낙오자라고 느낄 일도 없다.

그러면 어떻게 해야 할까? 이 책 앞부분에서 어떤 일을 시작할 땐 '형편없는 결과를 각오하라'라는 전략을 설명했다. 거기서부터 시작하겠다. 처음에 실패를 각오한다면 기대한 결과와 실제 결과 사이에 크나큰 괴리가 생기지는 않을 것이다. 뭔가 결과가 나왔다면 어느 부분에서 진전을 이뤄냈는지에 초점을 맞춰야 한다. 어느 부분에서 성장했는가? 작은 승

침대 부수기

리를 이뤄냈다면 자축하자. 어제보다 나은 오늘을 만들었다면 그렇게 해낸 자신을 칭찬하자.

뭔가 기꺼이 시도했다면 그 용기를 높이 사야 한다. 시작하는 게 두려웠고, 성공할 거라 믿지 못했고, '나 같은 사람'이 할 수 있을까 걱정했지만, 어쨌든 시도했다. 칭찬할 일이다! 처음으로 동영상 녹화에 도전했는가? 책을 쓰기로 마음먹고 첫 페이지를 썼는가? 팔굽혀펴기 운동을 시작했는가? 당신이 반한 그 사람에게 데이트를 신청했는가? 난생처음 스키를 타봤는가? 처음으로 누군가에게 사랑을 고백했는가?

가령 팔굽혀펴기를 한 번도 못 하는 사람이라면 우선 벽을 바라보고 서서 해보자. 벽에 손을 짚고서 팔굽혀펴기는 할 수 있을 것이다. 그러면 내일은 두 번, 모레는 다섯 번 할 수 있다. 조만간 바닥에 엎드려서도 팔굽혀펴기를 한 번, 두 번, 다섯 번 할 수 있을 것이다.

지금 당장 얼마나 많이 할 수 있는지가 중요한 게 아니다. 이 도전을 피하지 않고 시도할 마음이 있는지가 중요하다. 자신은 할 수 없다고 생각한 어려운 일을 처음으로 실행하는 노력이 중요하다. 그 노력을 멈추지 않고 이어간다면 결국에는 좋은 결과가 나올 것이다.

당신이 품은 원대한 목표가 무엇이든, 지금 당장은 그 목표를 이룰 만한 역량이 없을 것이다. 목표가 크면 클수록 능력이 한참 부족하다고 느낄 것이다. 괜찮다.

여기서 중요한 건 '당장은' 그렇다는 사실이다. 그러면 어떻게 역량을 늘려야 할까? 배우고 연습해야 한다. 처음에는 결과가 형편없고 매번 실패하기 마련이다. 눈에 보이는 성과에 연연하지 말자. 매일 노력하는 과정 자체에서 자신의 가치를 찾고 자존감을 쌓아야 한다. 이런 노력을 습관으로 기른다면 장담컨대 놀라운 일을 경험하게 될 것이다.

그렇다면 자신이 제대로 정체성을 확립하고 있는지는 어떻게 알 수 있을까? 매일 밤 '베개 테스트'를 통과해야 한다.

#5
습관 다섯

평화롭게 잠들 자격,
'베개 테스트'

오늘 밤 잠들기 전에 이렇게 자문해보자. "오늘 하루 노력한 일이 자랑스러운가?" 이 질문에 "그렇다"라고 대답할 수 있으면 합격이다. 만약 "그렇지 않다"라고 답한다면 이불을 박차고 일어나 지금 당장 무엇이든 자랑스러운 일을 해야 한다. 이것이 '베개 테스트'다.

아무리 힘든 하루를 보냈더라도 긍정적인 평가로 마무리할 방법은 있다. 우리는 언제든 자기 평가를 바꿀 수 있다. 자기 자신을 어떻게 평가하는지가 가장 중요하다. 다른 사람들에게 아무리 칭찬을 들어도 스스로 만족스럽지 않거나 자기 자신을 칭찬할 수 없다면 하루를 마무리하는 순간에도 여전히 찜찜하기 때문이다.

그럴 땐 베개 테스트를 실행해야 한다. 사람들은 모두 밤이 되면 베개를 베고 눈을 감는다. 이 테스트는 기억하기 편하고 간단하면서도 효과가 강력하다. 여기서 베개는 좋은 습관을 만들게 도와주는 '책임 파트너'다. 아울러 자기 자신만이 쓸 수 있는 평가 도구다. 하루를 마무리할 때 남들이 나를 어떻게 평가하든 중요치 않다. "내가 나를 자랑스럽게 여기는가?" 이 질문이 가장 중요하다.

오하이오에서 한 기업인 커플을 만난 기억이 난다. 그날은 한겨울이었고 엄청난 폭풍이 몰아쳐서 날씨가 몹시 추웠다. 내 강연을 들은 커플이 다가왔고 남자가 몇 가지 조언을 구했다.

"에번, 저는 날마다 찬물로 씻는 게 목표예요. 오늘만 빼고 지금까지 꾸준히 해왔죠. 온종일 여자친구 집에 있었는데 폭풍우로 전기가 끊겨서 난방이 안 됐어요. 게다가 너무 추워서 도저히 찬물로 씻지는 못했거든요. 그래도 춥게 지냈으니까 목표를 실행했다고 쳐도 되나요?"

나는 그에게 말했다. "제가 대답할 수 있는 질문이 아니군요. 자기 자신이 어떻게 느끼는지가 중요하죠. 본인이 생각하기에 오늘 자기 모습이 자랑스럽나요? 오늘 밤 베개 테스트를 통과할 수 있을까요?"

남자가 대답했다. "아뇨. 통과하지 못할 것 같아요. 오늘 힘든 하루를 보냈으니까 당신이 부담을 덜어주길 바랐나 봐요." 나는 웃으며 대답했다. "오늘 밤 집에 가서 뭘 해야 하는지 잘 아시겠군요."

이 커플은 폭풍우 속에서 차를 몰고 집으로 돌아갔다. 남자는 샤워실에 들어가 찬물로 씻는 상반신 영상을 올려 목표대로 실행했음을 알렸다. 어렵지 않으면 목표로서 가치가 없다. 이 주제는 잠시 후에 자세히 다룰 생각이다. 남자는 베개 테스트를 통과했고 본인이 어디까지 할 수 있는지 확인하며 자기만의 기준을 높였다. 남자의 행동은 그 자신과 여자친구는 물론 내게도 긍정적인 자극을 줬다. 우리가 한 단계 성장하면 주변 사람들도 의욕이 생긴다. 오늘 밤 베개 테스트를 통과하고 자신감과 실행력이 향상되는 걸 직접 확인하길 바란다!

하지만 어떤 일을 하겠다 선언하고서 그 말을 지키지 않으면 어떻게 될까?

목표를 이루지 못한 이유 앞에 당당한가?

계획대로 되지 않는 날도 있을 것이다. 상황을 제어하기 어려워 그날 목표를 이루지 못했다면 어떻게 해야 할까? 그날도 목표를 이뤘다고 쳐야 하는가? 베개 테스트는 자기 자신을 평가하는 도구다. 오늘 하루 어떻게 살았는지, 객관적 수치가 아니라 자신의 본능이나 직감에 따라 점검하는 것이다. 여기서 유념할 부분은 오늘 얻은 성과가 아니라 기울인 노력을 살피는 시간이라는 점이다.

따라서 그날 목표를 이루지 못했으면 스스로 물어봐야 한다. "약속대로 실행하지 못했지만 부끄러움이 없는가?" 약속한 전화를 걸지 않았다. 동영상을 찍지 않았다. 운동하지 않았다. 계획대로 실행하지 않았는데 그 이유에 부끄러움이 없는가? 이 질문에 답할 수 있는 사람은 자기 자신뿐이다.

목이 부러졌을 때 순회강연을 취소하고 집으로 돌아갔다면 나 자신이 부끄러웠을 것이다. 다른 사람들은 괜찮다고 했겠지만, 당연히 집으로 돌아가리라고 예상했겠지만 내가 괜찮지 않았다. 적어도 시도는 해 봐야 했다. 목뼈 골절은 순회강연을 포기할 이유가 되지 못했다.

하지만 키우던 개가 죽었을 땐 너무 슬퍼서 화요일 일정대로 영상을 찍지 못했다. 지난 십여 년을 돌아볼 때 유일하게 유튜브 영상을 계획대로 찍지 못한 날이었다. 슬픔이 북받쳐서 카메라를 켤 수도, 녹화 버튼을 누를 수도 없었다.

팀원들은 나 없이 일해서 영상을 올렸지만, 나는 그날 예정대로 새 영상을 찍지 못했다. 일정대로 실행하지 못했지만 떳떳했다. 아무 부끄러움이 없었다. 그날 밤 베개 테스트도 거리낌 없이 통과했다. 가족 곁에서 시간을 보냈기 때문이다.

우리 개 토비를 편하게 보내주려고 수의사를 집에 불렀을 때, 아버지만 방에 남고 나머지 가족은 밖으로 나갔다. 나는 토비가 죽어가는 모습을 보고 싶지 않았지만 아버지를 홀로 남겨두고 싶지도 않았다. 그래서 다시 방에 들어갔다. 그때 일을 생각하니 또 눈물이 난다. 정말 힘들었다. 하지만 나는 그 시간을 버텨냈고, 해냈다는 사실이 자랑스럽다. 일정대로 영상을 찍지 못했어도 가족과 함께 있었기에 떳떳하다. 휴, 한숨 돌리고 오겠다.

이제 다시 이야기를 시작하자. 앞서 말한 내 일화가 터무니없다고 생각하는 이도 있을 것이다. '목이 부러졌을 때도 계획대로 했으면서 개가 죽었다고 하루 목표를 넘기는 게 말이 되나?' 어쩌면 정반대로 대응할 사람도 있을지 모른다. 반려견이 죽더라도 자기 일에 집중해야 하고, 목이 부러지면 쉬어야 한다고 판단할 사람도 있다.

그것도 좋다. 여기서 핵심은 이 문제가 지극히 개인적인 판단에 달렸다는 사실이다. 베개 테스트 통과 여부는 다른 사람이 정해주지 않는다. 오늘 하루 어떻게 살았는지, 그 시간을 어떻게 느끼는지 스스로 판단하는 도구다. 날이 가고 자신감과 자부심이 쌓일수록 삶의 모든 영역에서 실행력이 올라간다. 베개 테스트는 혼자서 하는 의식이다.

하지만 만약 남들이 당신을 판단하는 말에 스트레스를 받는다면 퀸시 존스가 한 말을 되새겨보자.

<u>퀸시 존스의 원칙</u>

퀸시 존스Quincy Jones는 음악계 전설이다. 지금 이 글을 쓰는 시점에는 퀸시 존스가 음악 산업에 몸담은 지 70년도 넘었다. 그동안 그래미상 후보에 80회 올라 28회 수상했고 그래미 레전드상도 받았다.

아프리카계 미국인 사상 처음으로 아카데미 시상식 음악감독 겸 지휘자가 됐고, 아카데미 진 허숄트 박애상Jean Hersholt Humanitarian Award을 받기도 했다. 로큰롤 명예의 전당

침대 부수기

에 이름이 올랐고, 〈타임〉에서 20세기 가장 영향력 있는 재즈 음악가로 꼽히기도 했다.

존스가 이룩한 업적은 두말할 필요도 없이 전설 그 자체다. 역사에 전설적인 업적을 남기는 사람들은 자신의 가치관과 원칙에 따라 살아간다. 사람들은 우리를 평가하려 들 것이다. 원대한 목표를 품은 당신이 미쳤다고 할 것이다. 당신이 하려는 일은 결코 성공할 수 없다고 장담할 것이다.

그런 사람들을 어떻게 상대해야 하는지 물었을 때, 존스는 자신의 원칙을 한 문장으로 요약했다.

"남들이 나를 인정하든 말든 내 자존감은 눈곱만큼도 영향을 받지 않는다."

그러니 다음번에 누군가가 베개 테스트를 통과하지 못한 당신을 보고 제정신이 아니라며 비난하거든, '2퍼센트 차이 원칙'에 따라 원대한 아이디어를 실행할 때 당신더러 미쳤다고 하거든, 머리가 아닌 가슴이 시키는 대로 결단하려 할 때 터무니없다고 비웃거든…… 퀸시 존스의 원칙을 기억하자. "남들이 나를 인정하든 말든 내 자존감은 눈곱만큼도 영향을 받지 않는다." 만약 주변에 당신의 역량을 의심하는 사람들만 있다면 당신을 응원하는 커뮤니티 활동에 참여하는 게 실행력을 지키는 데 도움이 될 것이다.

#6
습관 여섯

너,
내 동료가 돼라!

　원대한 목표를 이룰 때까지 궤도를 유지할 확실한 방법을 원하는가? 그렇다면 당신이 가는 길을 응원하는 사람들이 모이는 커뮤니티에서 활동하는 게 좋다. 앞서 말했듯이 목표를 정한 뒤에는 사람들 앞에서 선언하는 게 중요하다. 아울러 당신이 속한 환경을 개선해 주변 사람들에게 긍정적인 영향을 받는 것도 중요하다. 지금부터는 어떤 커뮤니티가 적합한지 본격적으로 살펴보자.

　먼저 당신이 처한 환경을 직시해야 한다. 당신 주변에는 당신과 비슷한 열망을 품은 사람이 없다. 당신이 하는 일을 지지하고 응원하는 사람들이 곁에 있다면 운이 좋은 것이다. 특별한 경우가 아니라면 당신의 역량을 의심하며 제정신이 아니라고 깎아내리는 사람이 대부분일 것이다. 가장 많은 시간을 함께 보내는 이들 가운데 당신이 앞으로 하고픈 일을 하는 사람이 있는 경우도 드물 것이다.

그렇다면 커뮤니티를 바꾸는 걸 진지하게 고민할 때다. 품은 생각과 하는 일이 비슷한 사람들이 모인 커뮤니티를 찾아야 한다. 자신과 비슷한 가치관을 갖고, 비슷한 길을 걷는 사람들과 어울리는 게 좋다.

당신이 작가라면 글쓰기 커뮤니티에 들어가는 게 좋다. 그러면 더 많은 글을 쓰게 되고, 쓰는 속도가 빨라지고, 솜씨도 좋아진다. 달리기를 좋아하는 사람이라면 육상 커뮤니티에 들어가는 게 좋다. 더 오래, 더 빠르게, 더 잘 달리게 된다. 적절한 커뮤니티에서 긍정적인 자극을 받을 때 늘 생기는 일이다.

같은 관심사를 나누는 커뮤니티를 찾는 건 그 어느 때보다 쉬워졌다. 수십 년 전만 해도 관심사가 비슷한 사람들을 찾으려면 고향에서 한두 명이라도 만나길 바라거나 대도시로 이사하는 길밖에 없었다. 사람들은 뉴욕이나 로스앤젤레스, 토론토 같은 대도시에서 성공할 기회뿐만 아니라 자신과 유대감을 나눌 커뮤니티를 찾았다.

대도시로 이사하는 건 지금도 유효한 선택지다. 하지만 이사는 보통 일이 아니고, 적절한 커뮤니티를 찾기 위해 그렇게까지 큰일을 벌일 필요는 없다. 온라인에도 커뮤니티가 무수히 많고, 관심사가 무엇이든 당신에게 맞는 곳이 있다.

내가 특히 관심이 많은 분야는 기업가 정신, 새로운 통찰력을 일으키는 비즈니스 리더십, 리그 오브 레전드, 살사 댄스, 반려견이다. 온라인에는 이를 비롯해 수많은 커뮤니티와 하위 모임이 있다. 건강을 챙기고 싶은 사람은 단체 수업을 하는 헬스장에 가는 게 좋다. 전문 강사가 되고 싶은 사람은 토스트마스터즈**Toastmasters** 같은 커뮤니티에 가는 게 좋다. 유명하지 않은 애니메이션 캐릭터에 빠졌는데 사는 곳에서 커뮤니티를 찾을 수 없다면 온라인에서 찾아보자.

모든 걸 혼자서 배우고 실행하려고 애쓰지 말자. 그러면 성장 속도가 느려지고 실행력도 떨어진다. 덧붙여, 모든 일은 함께할 사람이 있을 때 훨씬 더 재밌다. 비슷한 생각을 하는 사람들이 모인 커뮤니티에서 교류하면 실행력이 치솟는다! 내가 가장 좋아하는 커뮤니티는 내가 만든 '무브먼트 메이커스'다.

● 대화 능력과 리더십을 교육하고 개발하는 국제 비영리 단체다. - 옮긴이 주

전도유망한 혁신가들의 커뮤니티, 무브먼트 메이커스

앞서 언급했듯이, 나는 세상에서 가장 어려운 문제 해결을 사명으로 삼았다. 모두가 자기 자신의 잠재력을 믿도록 돕는 게 목표다. 모든 사람이 내 이야기를 경청하거나 그 내용에 공감하는 건 아니기에, 나는 다양한 분야에서 전도유망한 혁신가들을 훈련하는 데 일조하고자 한다. 이들은 남다른 통찰력과 아이디어로 세상을 바꾼다.

무브먼트 메이커스는 전문 강사, 작가, 인플루언서, 인생 코치를 비롯해 여러 분야 사람들이 교류하고 지원하는 커뮤니티다.

처음부터 지금 같은 목적으로 운영한 건 아니다. 무브먼트 메이커스는 내가 진행하는 교육 강좌였다. 한 달에 두 번씩 85분간 실시간 방송을 진행하며 나의 모든 지식을 전수하고 수강생들이 자기 분야에서 변화를 주도하는 사람이 되도록 의욕을 불어넣었다.

그러자 놀라운 일이 일어났다. 회원들은 내가 알려준 정보를 습득할 뿐 아니라 아이디어를 공유했다. 회원들은 서로 격려하고, 협업하고, 함께 사업을 시작했다.

나는 무브먼트 메이커스가 성장 전략을 배우는 걸 넘어선 공동체임을 깨달았다. 무브먼트 메이커스는 세상을 바꾸겠다는 꿈을 품은 사람들을 이해하고 지원하는 가족 같은 존재로 성장하고 있었다. 회원 모두가 같은 꿈을 꾸기 때문이다. 나는 우리 커뮤니티를 과소평가했고, 이를 깨달은 후에 여러 변화를 단행했다.

방송 시간은 여전히 85분이다. 이제 나는 절반 동안만 강의하고 나머지 절반 사이에는 회원들이 온라인상에서 소모임으로 나뉘어 토론하고 전략을 세우고 서로 돕게 한다.

매월 새로운 주제를 선정해 회원끼리 동영상을 만드는 프로그램도 있다. 가령 주제가 '자신감'이라면 회원들이 해당 주제로 직접 영상을 구상하고 함께 만든다. 서로 힘을 합쳐 영상을 찍다 보니 도중에 포기하는 사람이 없다. 처음에 혼자서 콘텐츠를 만들 땐 몹시 두려워한 회원들도 어느 순간 대담하게 다른 회원들과 실시간으로 소통하며 일주일에 몇 번씩 영상을 제작한다! 대단하지 않은가?

무브먼트 메이커스 회원들은 성공 경험을 나누고, 도움을 요청하고, 소셜 미디어에서 친구를 맺고, 서로 격려하며 의욕을 끌어올린다. 크든 작든 성과를 올렸을 때 그 경험을 나눌 사람들이 곁에 있는가? 성공의 의미를 진정으로 이해할 사람들이 곁에 있는가? 무브먼트 메이커스 회원들은 훌륭한 강연가가 되는 법, 이야기를 효과적으로 전달하는 법, 동영상으로 수익을 창출하는 법, 콘텐츠 출시 전략을 세우는 법, 개인 브랜드를 만드는 법, 유튜브 구독자 수를 늘리는 법을 비롯해 자기 분야에서 전문가가 되는 전략과 방법을 탐구하는 데 열정을 쏟는다.

무브먼트 메이커스에서 다루는 주제들이 너무 따분하다고 생각하는 사람도 있을 것이다. 아무 문제 없다! 무브먼트 메이커스는 새로운 아이디어로 세상을 바꾸고 싶은 혁신가들에게 도움을 주는 커뮤니티다. 다른 일에 관심이 있다면 오프라인이든 온라인이든 당신을 '이해하고' 열정을 나눠줄 커뮤니티를 찾으면 된다. 모든 일을 혼자서 하면 멀리 나아가지 못한다. 함께 나아갈 때 놀라운 일이 일어난다. 사람들과 교류할 커뮤니티를 찾아라.

실행력을 지키는 습관은 마지막으로 한 가지 더 있다. 어쩌면 이 책에 소개하는 7가지 습관 중에서 이 내용이 가장 중요할지도 모른다.

#7
습관 일곱

25명으로 시작한
400만 유튜버

다음은 내 유튜브 채널 구독자가 14년에 걸쳐 어떻게 늘어났는지 보여주는 표다.

내가 걸어온 여정을 보여주는 게 중요하다고 생각했기에 이 표를 구독자들이 볼 수 있도록 웹사이트에 올렸다. 14년 동안 누군가 거둔 성과를 평가할 때, 사람들은 대체로 현재 숫자에 집중할 뿐 초기에 얼마나 고전했는지 쉽게 잊어버리거나 돌아보지 않는다.

나도 처음에는 형편없는 성적을 거뒀다! 내 목소리를 찾기까지 오랜 시간이 걸렸다. 내성적이고 수줍음 많은 성향을

침대 부수기

연도	구독자 수
2009년	25명
2010년	107명
2011년	344명
2012년	775명
2013년	2,228명
2014년	9,414명
2015년	38,881명
2016년	294,607명
2017년	672,206명
2018년	1,300,848명
2019년	1,882,932명
2020년	2,241,211명
2021년	2,966,463명
2022년	3,453,340명

극복하기가 쉽지 않았다. 사적인 경험과 이야기를 대중 앞에 꺼내기 좋아하는 건 자기중심적인 사람뿐이라고 생각했다. 유튜브 채널을 시작한 첫해로 돌아가 과거의 내게 물어보면 14년 후에 이만한 성과를 올린다는 걸 상상도 못 할 것이다. 사람들은 이 표를 보면 보통 이렇게 묻는다.

"어떻게 포기하지 않고 이어간 거죠?" 초창기에 별 성과가 보이지 않을 때, 나는 어떻게 꾸준히 해나갔을까? 무엇이 동기가 됐을까? 어떻게 포기할 법한 순간에도 실행력을 유지했을까? 나는 아주 간단한 전략을 썼다. 다시 말해, 내 채널이 필요한 사람들에게 집중했다. 따져 보면 포기하라고 부추기는 불리한 요소뿐이었다. 유일하게 기댈 요소는 내 채널을 보는 사람들이었다. 누가 이렇게 생각하라고 조언한 적은 없다. 본능적으로 그런 생각이 들었을 뿐이다. 나는 내가 만든 영상을 보고 싶어 하는 사람들이 있다는 사실에 감사했다.

나는 고통스러운 시간을 극복하면서 삶의 목적을 찾게 된다고 믿는다. 살면서 가장 고통스러운 시간을 극복하면 다른 사람들도 그 시간을 이겨내도록 돕고 싶어진다. 나는 회사를 설립하면서 너무 많은 어려움을 겪었고, 다른 기업인들은 나처럼 고생하지 않도록 돕고 싶었다. 또 나는 글보다는 시각적 학습에 익숙했고, 동영상을 통해 사람들을 돕고 싶었다. 2009년 당시에 동영상을 올릴 만한 곳은 유튜브뿐이었다. 유튜브가 이토록 폭발적으로 성장할 줄은 몰랐다. 내 채널 구독자가 이렇게 많이 늘어날 줄은 상상도 못 했다.

당시만 해도 '인플루언서'나 '유튜버'라는 직업은 있지도 않았다. 나는 사람들을 돕고 싶었을 뿐이다. 25명이 내 채널을 구독하는 걸 보고 생각했다. '25명이라니, 굉장해!' 지금 당장 관점을 바꿔 당신이 지금 하는 일에서 1년 차였을 때를 떠올려보라. 혹시 현재 1년 차라면 얘기하기가 훨씬 수월하겠다!

가령 당신이 1년 차일 때 한 지역 행사에서 강연 요청을 받았는데 25명이 참석할 예정이라고 상상해보자. 25명이 당신 강연을 들으려 모일 것이고, 당신은 이제 막 강사로서 첫발을 내디뎠다! 사람들 앞에서 강연할 생각을 하니 설레고 긴장되고 두렵지 않겠는가?

나는 항상 구독자들에게 집중했다. 25명씩이나 내가 만든 영상에서 가치를 발견하고 구독했다는 사실은 콘텐츠를 만들어갈 힘을 줬다.

현재 내 구독자는 400만 명에 가깝다. 그땐 상상할 수도 없었던 숫자다. 내가 사는 토론토는 북미에서 가장 큰 도시에 속하지만, 이 글을 쓰는 지금 인구는 300만 명에 불과하다. 내 영상들의 조회 수를 합하면 무려 5억에 달한다. 어떻게 이런 숫자를 달성했는지 이해할 수가 없다. 정말 굉장하다! 내가 이 채널을 포기하지 않고 이어갈 수 있었던 가장 큰 이유는 초기 구독자 25명을 생각하면서 고마움을 깊이 새기고, 내 서비스를 가치 있게 여기는 사람들에게 집중했기 때문이다.

내 채널을 구독한 사람들에게 집중하도록 관점을 바꾸는 전략은 아주 중요하다. '내 일을 가치 없게 여기는 사람들'은 언제나 있을 것이고, 그 문제는 내가 해결할 수 없기 때문이다.

내 이야기가 필요한 사람 VS 내 이야기가 필요 없는 사람

사람들은 언제나 지금보다 더 많은 것을 원한다. 나만 해도 이런 생각을 할 수 있다. '지금 구독자 수가 4백만 명이긴 한데, 왜 5백만이나 6백만, 1천만이나 1억 명이 아닐까?' '내 이야기가 필요 없는 사람들'은 언제나 있기 마련이다. 게다가 세상에는 항상 나보다 앞서가는 사람이 있다. 숫자를 따지자면 세상에는 내 이야기가 '필요한 사람'보다 '필요 없는 사람'이 더 많다. 물론 내 목표는 가능한 한 많은 사람에게 다가가는 것이다. 하지만 나보다 훨씬 인기 있는 채널에 신경 쓰거나 현재 내 채널을 구독하지 않는 사람들에게 집중한다면 행복해지기 어렵다.

나는 행복을 중요하게 생각한다. 지금 수준에 만족하고 안주하거나 나태하게 지내라는 말이 아니다. 사실은 정반대다. 자기가 하는 일이 사람들에게 가치 있음을 알기에 행복한 사람은 그 일을 꾸준히 이어가고, 자기 기준을 높여 더 잘하고 싶다는 의욕을 느낀다. 적어도 나는 그랬다. 그러니 자신이 낸 성과가 원하는 수준에 이르지 못할지라도 좌절하지 말자. 내 이야기가 필요 없는 사람들이 아니라 필요한 사람들에게 집중해야 한다. 자신이 살아가는 작은 이유를 떠올리고, 비록 소수일지라도 내 이야기를 경청해주는 사람들에게 초점을 맞춰야 한다.

내 이야기를 듣고 채널을 구독하는 이들 중에는 다른 사람들에게 내 채널을 소개하는 이도 있을 것이다. 내가 어떤 사람을 도왔을 때, 도움을 받은 이들이 또 다른 사람에게 나를 알리곤 했다. 그렇게 나를 알게 된 이들은 또 자기 친구들에게 나를 소개했다. 많은 사람에게 도움을 베풀수록 우리 이름은 더 많이 알려지고, 우리가 세상에 미치는 영향력도 커진다. 일부러 이렇게 하겠다고 마음먹은 건 아니었지만, 나중에 돌아보니 이 전략이 무척 효과적이었음을 깨닫고 사람들에게도 가르치고 있다.

나는 사람들을 돕는 일에 집중했다. 기분도 좋고 성과도 좋았기 때문이다. 사람들을 도울수록 내 메시지는 더 많이 퍼져 나갔다.

이는 고객 추천 마케팅 전략의 기본이고, 수많은 성공 기업을 이끈 원동력이다. 사람들이 우리가 하는 일에 감동하면 뒤이어 새로운 고객을 데려온다. 돈을 주거나 부탁하지 않아도 우리가 하는 일이 마음에 들면 다른 사람에게 소개하고 싶다는 생각이 저절로 솟아나기 때문이다. 나는 일부러 전략을 활용한 게 아니라, 그저 구독자들에게 집중하는 편이 옳다고 생각했을 뿐이다. 여기서 핵심은 당신의 이야기를 듣지 않는 사람들이 아니라 흥미롭게 듣는 사람들에게 집중할 때 더 행복하고 만족스러운데다 채널도 성장한다는 사실이다. 당신이 하는 일에 만족한 사람들이 비슷한 성향인 사람들을 데려오기 때문이다!

내 유튜브 채널이 성장한 과정을 보여주는 이 사례는 누구에게나 통한다. 당신이 품은 목표가 무엇이든, 분명 그 분야에서 당신보다 앞서 가는 사람들이 있을 것이다. 그 사람들은 (적어도 지금은) 당신보다 실력이 좋고, 빠르게 앞서나가고, 성과도 훌륭하다. 그 사람들을 보며 어떤 일이 가능한지, 당신이 어디로 나아갈 수 있는지 영감을 얻는 건 좋다. 하지만 당신이 하는 일에서 더 큰 의욕과 실행력을 얻으려면 앞서 가는 사람들에게 너무 신경 쓰지는 말자. 그보다는 당신이 지금까지 한 일과, 당신의 이야기를 듣는 사람들에게 어떤 가치를 제공했는지에 초점을 맞추는 편이 좋다.

우리가 사람들에게 다가가 많은 관심을 기울이며 그들의 기대 이상으로 응원하고 격려할 때, 당연한 수준 이상으로 그들을 아끼고 도와줄 때, 가까이 다가가 그들에게 초점을 맞춰 한결같이 가치 있는 것을 제공할 때 자연히 좋은 결과가 따라올 것이다.

에번 카마이클이 혁신가에게 제시하는 성장 과제

세상을 바꾸고 싶은 혁신가가 지금 이 책을 읽고 있다면 한 가지 도전 과제를 제시하고 싶다. 당신이 한 분야의 전문가로서 새로운 가치를 창출하고자 온라인 플랫폼에서 커뮤니티를 만들고 있다면, 이전 내용으로 돌아가 내가 지나온 길과 당신이 지나온 길을 비교해보자. 대다수는 나보다 출발이 훨씬 좋다는 사실을 알게 된다. 어떤 이는 첫해에 구독자 2,000명을 돌파하고도 자신이 형편없다고 생각한다. 나는 5년 차가 돼서야 그만한 구독자를 기록했으니 이 사람은 나보다 훨씬 성과가 좋다!

그래서 이런 도전 과제를 제시한다. 어떤 이들은 내 채널의 성장 추이를 인쇄해 벽에 붙여놓고 바라보면서 포기하지 않으면 성공할 수 있다는 영감을 얻는다고 한다(나보다 잘하고 있음을 확인하면 동기부여가 되지 않겠는가?). 여기서 또 하나 추천하는 전략이 있다. 나는 소셜 미디어 계정을 여럿 운영한다. 그러니 당신이 어느 플랫폼에 있든 편하게 나를 태그하고 내 성장 기록을 활용하길 바란다.

게시물에 내 채널의 성장 추이를 올리고, 당신이 나보다 훨씬 잘하고 있음을 보여주길 바란다. 나는 사람들이 성장하는 과정을 지켜보면서 영감을 얻는다. 당신이 성장하는 이야기도 다른 이에게 영감을 줄 것이다. 당신이 올린 글도 어서 빨리 보게 되길 기대한다!

일례로 아이다 아제포Ida Azefor가 올린 게시물을 소개한다. 내 채널과 자기 채널의 성장 추이를 비교해서 올린 글인데 격려하는 댓글이 많이 달렸다.

에번 카마이클		아이다 아제포	
연도	구독자 수	연도	구독자 수
2009년	25명	2021년	29명
2010년	107명	2022년	148명
2011년	344명		
2012년	775명		
2013년	2,228명		
2014년	9,414명		
2015년	38,881명		
2016년	294,607명		
2017년	672,206명		
2018년	1,300,848명		
2019년	1,882,932명		
2020년	2,241,211명		
2021년	2,966,463명		
2022년	3,453,340명		

 아이다 아제포 제 성장을 최고와 비교해봅니다! 에번 카마이클의 성장 챌린지인데요, 몇 년 전 에번이 시작했을 때와 비교하면 제가 더 잘하고 있는 것 같네요?! 아이다의 등을 두드려주세요. 계속 갑시다!

에번 카마이클 파이팅!

잠드는 순간까지 지킬 7가지 습관

#1 **습관 하나**
아침 루틴으로 멋진 하루의 방아쇠를 당겨라

#2 **습관 둘**
비슷한 일은 몰아서 하는 습관을 만들어라

#3 **습관 셋**
삶을 위한 '원대한 이유'와 '작은 이유'를 찾아라

#4 **습관 넷**
결과가 아니라 노력하는 '과정'에서 가치를 찾아라

#5 **습관 다섯**
'베개 테스트'를 통과하고 당당하게 잠들어라

#6 **습관 여섯**
비슷한 사람들이 모이는 커뮤니티를 찾아라

#7 **습관 일곱**
당신의 이야기가 필요한 사람들에게 집중하라

집필 소식 업데이트

2022년 6월 3일 업데이트
글쓰기 시간: 오전 11:00~오후 1:50, 오후 2:20~오후 5:30

오늘 목표를 이루다니 믿기지 않는다! 여섯 시간 동안 글을 썼고 휴식 시간은 30분뿐이었다. 팔꿈치가 아프고 손이 뻐근하고 눈이 침침해지기 시작한다. 하지만 나는 오늘 밤에 틀림없이 베개 테스트를 통과할 것이다. 내 목표는 오늘 이번 장을 끝내는 것이었다. 흐름이 끊기는 게 싫었기 때문이다.

내일은 마지막 장을 쓰게 된다. 제4장에서는 성취욕이 높은 실행형 인간들에게 할 얘기가 있다. 자기 자신을 몰아붙여 더 멀리 나아가는 데 유용한 전략을 소개할 것이다. 사람들은 대부분 여기서 다룰 전략을 이해하고 받아들이길 어려워하지만 7가지 전략 가운데 몇 가지만 적용해도 차원이 다른 실행력을 갖추게 된다. 지금부터는 한 차원 높은 심화 전략으로 실행력을 일으키고 자기 기준을 높일 때다. 우리에겐 그만한 역량이 있다. 나는 오늘 무려 12,413단어를 썼다. 굉장하다! 이제 니나와 산책해야겠다. 햇빛을 보고, 신선한 공기를 마시고, 개를 산책시키고, 함께 놀고, 저녁을 먹을 것이다. 그리고 내일 다시 이어서 쓰겠다. 당신도 휴식하며 잠시 성찰하는 시간을 갖길 바란다. 이제 책장을 덮어도 좋다. 나도 오늘은 여기서 마치고 내일 다시 돌아오겠다.

2022년 6월 4일 업데이트

지금은 오전 1시 45분이다. 2시간 30분 전에 잠자리에 들었지만 잠을 이루지 못했다. 이 책을 어떻게 쓸지 너무 많은 생각이 떠올랐기 때문이다. 결국 잠을 포기하고 일어나서 밤늦게 이 글을 쓰고 있다. 따져 보면 이 상황은 다음 장에서 다룰 주제에 꼭 들어맞는다. 나는 마지막 장에서 성취욕이 높은 사람에게 어울리는 전략들을 소개할 생각이다. 어쩌면 당신은 주변에서 '미친 사람'이라는 소리를 들으면서도 꿈을 좇아 여기까지 달려왔을지도 모른다. 새벽 1시 45분에 잠을 이루지 못할 땐 일어나서 책을 쓰는 게 좋다. 비디오 게임을 한다든지 소셜 미디어를 한없이 들여다본다든지 영화를 보는 것보다 훨씬 낫다.

다음 장에서 소개할 개념은 지금까지와 달리 이해하기가 어려울 것이다. 나는 실행력이 넘치는 소수에게만 이 전략들을 알려준다. 왜냐면 너무 딴 세상 얘기처럼 들리기 때문이다. 하지만 실행력을 얻어 크게 도약할 준비가 됐다면 여기서 소개하는 심화 전략이 어울릴 것이다.

성찰하는 시간

3장이 끝났다! 이번에도 잠시 멈추고 읽은 내용을 돌아보는 시간을 갖자. 뭘 배웠는지, 새로 배운 것들을 어떻게 활용해서 실행력을 끌어올릴지 생각해보자. 책 여백에 자기 생각을 적고 영감을 받은 행동을 실행에 옮기자.

실행력 워크북

MOMENTUM

4

＊

실행형 인간을 위한 위한 7가지 전략

#1
전략 하나

망할 놈의
도리토스

지난 5년간 내 책상에는 항상 도리토스 과자봉지가 놓여 있었다. 그런데 이건 평범한 도리토스가 아니다. 도리토스 과자봉지 중에서도 초대형이어서 웬만한 사람 몸통의 절반 크기다. 다 먹으면 배탈이 날 정도다. 사람들은 왜 저런 봉지가 있느냐며, 도리토스에서 내 채널을 후원하느냐고 묻는다. 그러면 나는 웃으며 "도리토스에서 저 봉지가 저기 놓인 이유를 알면 내 채널에는 절대 후원하지 않을 것"이라고 답한다.

다이어트를 시작한다고 하면 사람들이 가장 먼저 하는 조언은 무엇인가? 정크푸드를 집에서 치우라고들 한다. 그래야 유혹을 피할 수 있고 다이어트 결심이 흔들리지 않는다는 논리다. 의심할 여지가 없는 조언 같아서 나도 그렇게 했다. 하지만 휴가를 보낼 때, 가족 행사에 참석할 때, 여행 중일 때, 그러니까 집을 벗어나서 어디를 가든지 좋아하는 음식이 눈에 띄었다. 결국 음식을 보고 흥분해서 미친 듯이 먹게 된다는 사실을 깨달았다. 나는 여행에서 돌아오면 체중계에 올라가 숫자를 확인하는데 그때마다 이렇게 외친다. "왜 이런 일이 벌어졌지?" 몇 주 또는 몇 달이나 식단을 조절한 노력이 짧은 여행 한 번으로 물거품이 된 것이다.

나는 유혹을 느낄 일이 없는 곳에서만 일관적으로 행동할 수 있다는 걸 깨달았다. 주변 모든 걸 통제할 방법은 없었다. 난항에 부딪치면 2가지 선택지가 생긴다. 첫 번째는 난항을 쉽게 돌파할 길을 찾는 것이다. 두 번째는 그 상황을 제어할 수 있도록 더 강한 사람이 되는 것이다. 정크푸드를 없애는 전략은 첫 번째 선택지에 해당하는 손쉬운 방법이다. 하지만 내겐 효과가 없었다. 그러니 두 번째 방법을 택하고 더 강해져야 할 때였다.

내 약점은 도리토스 과자다. 도리토스를 너무 좋아한다. 새벽 2시에 이 글을 쓰는데도 그 냄새와 맛이 생생하다. 배도 고프지 않은데 바로 뒤에 있는 과자봉지를 뜯어 먹고 싶다.

새벽 2시에 말이다! 아, 정말. 저 과자봉지를 집어삼키고 싶다. 물론 참을 것이다. 망할 놈의 도리토스!

이 커다란 과자봉지를 옆에 두는 건 브랜드를 홍보하려는 게 아니라 내가 얼마나 강한 사람인지 상기하기 위해서다. 나는 저 봉지를 볼 때마다 나 스스로 '넌 이겨낼 수 있어'라고 격려한다. 지금 이 글을 쓰는 새벽 2시에도 과자를 먹고 싶지만, 그러지 않는다는 사실에서 나 자신을 조금 더 사랑하게 된다. 벌써 5년째 이 방법을 쓰는데 여전히 효과가 있다. 내 약점을 상징하던 과자봉지는 또 하나의 '전진 신호'로서 내가 도리토스를 참을 만큼 강인하다는 사실을 알려준다. 내가 얼마나 성장했는지 확인할 때마다 강한 실행력이 생긴다.

사람들에게 도리토스 얘길 하면 대개 "오, 그거 굉장하네요"라 말하고는 화제를 돌린다. 내심 이 사람이 제정신은 아니라고 생각할 것이다. 성취욕이 높은 사람들은 목표를 향해 나아갈 때 조금씩 나사가 빠진다. 사람들 대다수가 다다르지 못하는 삶을 살고 싶다면 그들이 믿지 않는 것을 믿고, 그들과 다르게 대처하고, 다르게 실행해야 하기 때문이다.

망할 놈의 도리토스는 유혹을 극복하는 도구다. 나를 돕는 훌륭한 목발이나 마찬가지다.

당신을 유혹하는 걸림돌을 디딤돌로 바꿔라

마약이나 알코올 같은 물질에 중독되는 문제는 다루지 않겠다. 내가 방금 소개한 전략으로 약물이나 알코올 중독에서 회복한 사람들이 있긴 하지만, 중독 문제가 있는 사람은 자신에게 잘 맞는 방안을 직접 조사해서 계획을 세우고 도움을 받는 게 좋다.

내가 이번 장에서 제시할 조언은 누구에게나 들어맞는 정답과는 거리가 멀다. 내게 효과가 있었던 '이상한' 방법들을 소개할 생각이다. 그 가운데서 당신에게도 효과적인 방법을 찾길 바랄 뿐이다.

"집에서 정크푸드를 치우라"라는 조언은 목발 같은 것이다. 다리가 부러지면 목발을 쓰지 않는가? 하지만 최종 목표는 목발을 영원히 쓰는 게 아니라, 목발을 버린 뒤 스스로 걷고 뛰는 것이다! 집에서 정크푸드를 없애는 방법은 단기간에 활용할 수 있고, 실행력을 약간 얻는 데 도움이 되는 목발이다. 이 전략도 이용하자! 하지만 정말로 성장하고 싶다면, 두 번째 선택지로 가겠다 마음먹고 목발이 필요 없을 만큼 강해지는 법을 배워야 한다.

욕망은 참을 수 없을 만큼 강해지기도 한다. 본능에 저항

하는 게 얼마나 어려운지 깨달은 계기가 있다. 예전에 토론토에서 각 분야의 전도유망한 혁신가들을 대상으로 행사를 진행한 적이 있다. 이 행사는 사흘간 이어졌고 참가자들은 그들이 세상에 알리려는 메시지를 어떻게 전달해야 하는지 배우고 훈련했다. 둘째 날에 어느 참가자가 도리토스 한 봉지를 들고 왔다. 내가 가장 좋아하는 스위트 칠리 히트 맛이었다. 지금 이 글을 쓰면서 생각만 해도 침이 고인다. 그 사람은 봉지를 뜯어서 과자를 먹기 시작했다. 그 순간 눈앞에서 광고 한 장면이 펼쳐지는 것 같았다. 그 사람의 머리카락이 바람에 휘날렸고, 과자를 집어서 입에 넣는 장면이 슬로모션으로 펼쳐졌다. 과자봉지를 빼앗아 그 안에 든 맛있는 도리토스를 하나도 남김없이 먹어 치우고 싶다는 마음이 간절했다. 그런데 그 남자가 내게 다가와서는 과자를 건넸다.

여기서 정말로 이상한 일이 벌어졌다. 나는 봉지를 건네받아 코로 가져갔다. 숨을 크게 들이마시자 맛있는 도리토스 냄새가 온몸에 퍼졌다. 한 봉지를 다 먹어 치워도 성에 차지 않을 테니 밖으로 뛰쳐나가 세 봉지를 더 사야겠다는 생각이 들었다. 나는 숨을 참고 도리토스 냄새가 온몸에 스며들도록 기다렸다가 과자봉지를 돌려줬다. 그가 내게 물었다. "먹고 싶지 않아요?" 내가 대답했다. "괜찮아요. 망할 놈의 도리토스!"

이 모습이 남들 눈에 얼마나 이상해 보일지 안다. 이 사람은 도대체 왜 도리토스 냄새를 실컷 맡고는 하나도 먹지 않고 그냥 돌려줬을까? 이해할 수가 없을 것이다. 하지만 과자 봉지를 돌려줬을 때 내 몸에서 일어난 전율은 이루 말할 수가 없다. 천하무적이 된 기분이었다. 목표란 이루기 어려워야 가치가 있다. 이건 나중에 자세히 설명하겠다. 나는 '망할 놈의 도리토스' 전략에 따라 오히려 욕망에 더 가까이 다가감으로써 어려운 목표를 성취할 역량이 있음을 증명했다. 어려운 목표를 이룰 때 자기애, 자존감, 자신감이 생긴다.

자신에 대한 믿음이 강한 사람은 실행력을 키우고 유지하기가 훨씬 쉽다. 당신은 도리토스를 좋아하지 않을 수도 있다. 하지만 꼭 도리토스가 아니라도 도저히 못 참을 만큼 좋아하는 게 있을 것이다. 사람들에겐 위로가 필요할 때 의지하는 대상이 있기 마련이다. 여기서 핵심은 그런 대상이 가져다주는 편안함에 안주하면 안 된다는 것이다. 우리는 그런 것들이 주는 편안함을 극복하고 성장해야 한다. 여기 또 다른 예시가 있다. 내 친구 리론은 아침에 설탕을 넣어 마시는 커피 한 잔에서 편안함을 느낀다.

'망할 놈의 도리토스' 전략과 리론의 커피

나는 리론이 해낼 줄 알았다! 리론 역시 성취욕이 높은 친구다. 이 친구에겐 모닝커피에 설탕을 넣는 나쁜 습관이 있었다. 몸에 나쁘다는 사실을 알면서도 매일 설탕을 넣었다. 하지만 내가 이 전략을 소개한 다음 날 리론은 '망할 놈의 도리토스' 전략을 실천하기로 마음먹었다.

그는 평소처럼 컵과 접시를 꺼냈다. 그리고 커피와 설탕한 봉지를 접시에 올렸다. 커피를 컵에 붓고 설탕 봉지엔 손을 대지 않았다. 처음이었다. 그는 설탕 봉지를 바라보며 커피를 마셨다. 그렇게 시선을 고정한 채 커피를 다 마시고 봉지를 치웠다.

이를 지켜보던 아내는 남편이 미쳤다고 생각했다. "설탕을 쳐다만 볼 거면 뭣 하러 꺼낸 거야?" 합리적인 질문이다. 그야 '망할 놈의 도리토스' 전략을 실천하느라 그런 것이다! 물론 이 사례에는 '망할 놈의 설탕 봉지'가 적절하겠다.

처음으로 설탕을 외면한 리론이 흥분에 사로잡혀 방금 일어난 일을 내게 알리려고 메시지를 보냈다. 리론은 설탕의 유혹을 이겨냈다. 목표를 이룬 것이다. 리론은 성공한 경험 덕분에 한층 더 강해졌다. 설탕 봉지는 이제 리론을 사로잡

지 못한다. 한때 리론의 나약함을 상징한 설탕 봉지가 이제
는 강인함을 상징하게 됐다.

이 전략은 음식에만 효과가 있는 게 아니다. '망할 놈의 도
리토스' 전략은 실행력을 떨어뜨리는 여러 나쁜 습관을 고치
는 데 도움이 된다. 소셜 미디어에 올라온 글들을 자꾸 확인
하느라 집중력이 떨어지는가? 앱을 삭제할 필요가 없다. 당
신이 앱보다 강하다는 사실을 보여주면 된다. 앱을 삭제하면
지는 것이다.

소셜 미디어에 사로잡혀 이용당하는 게 아니라, 자기 자
신이 소셜 미디어를 소유하고 활용하는 게 최종 목표가 돼
야 한다. 나라면 그 앱을 핸드폰 첫 화면에 둘 것이다. 앱 로
고를 인쇄해서 사무실 책상에도 붙여놓을 것이다. 왜 그렇게
하느냐고 묻는다면 '망할 놈의 도리토스' 전략을 실행하기 위
해서다. 오히려 유혹을 가까이하며 이겨내고 싶기 때문이다.

하루를 마감하기까지 중요한 건 나 자신을 더 강하게 만드
는 선택을 내리는 것이다. 도리토스, 설탕, 소셜 미디어, 뭐
가 됐든 이것들을 눈앞에서 치워버리는 건 이렇게 말하는 거
나 마찬가지다. "넌 그것들을 제어할 능력이 없어. 그것들은
너보다 강해!" 패배는 딱 질색이다. 그러니 내 나약함을 상징
하는 것들이 앞으로는 강인함을 상징하도록 바꿀 것이다.

내 이야기는 전문가 대다수의 견해에 정면으로 부딪친다. 수많은 자기계발 전문가가 수십 년 전부터 수강생들에게 가르친 전략은 '정크푸드를 집에서 치우라'는 것이다. 내겐 그 전략이 효과가 없었다. 당신도 그 전략이 효과가 없다고 느꼈다면 '망할 놈의 도리토스' 전략을 실행해보고 어떤 일이 벌어지는지 직접 확인하길 바란다.

같은 시대를 살아가는 사람들이 흔히 공유하지만, 이처럼 동의하지 않는 전략에는 '정크푸드를 치우라' 말고도 3가지 더 있다.

'망할 놈의 도리토스' 전략이 마음에 든다면 이 이야기를 이어서 읽어 보자. 그렇지 않다면 다음 장으로 건너뛰어도 좋다. 나는 자기계발 분야의 '금과옥조'와는 다른 전략을 제안할 생각이다.

이 사진은 내 사무실에서 오늘도 한 자리를 차지하는 초대형 도리토스 과자봉지를 든 모습이다. 나는 이 과자봉지를 보며 내가 도리토스의 유혹을 이겨낸 강한 사람임을 상기한다.

"알람 시계를 다른 방에 둬라!"

언뜻 보면 이 전략도 일리가 있다. 알람이 울릴 때 시계가 곁에 없으면 '다시 알람' 버튼을 누를 수 없기에 침대에서 일어나 주방으로 가서 알람을 꺼야만 한다. 그때쯤이면 잠에서 깰 테니 다시 잠자리에 들 가능성은 훨씬 낮아진다. 간단하고 논리적이며 실용적이지 않은가?

하지만 '성취하는 뇌'를 가진 이들의 사고방식은 다르다. 시계를 다른 방에 두는 전략은 자기 자신에게 '혼자 힘으로는 아침에 일어날 수 없다'라고 말하는 것과 같다. 밤에 잠들기도 전에 알람을 이길 수 없다고 결정하는 것이다. 잠자리에서 자신이 나약하다는 사실을 잠재의식에 새기는 건 나로선 하루를 마무리하는 최악의 방법이다. 그러니까 나는 '망할 놈의 도리토스' 전략을 택하겠다. 알람 시계는 바로 옆에 둘 것이다. 알람은 내 곁에서 울릴 테고, 나는 알람을 끈 뒤 곧

바로 일어날 것이다. 당신도 내일 이 방법을 시도해보고 성공했을 때 자신감과 자기애, 실행력이 어떻게 폭발하는지 확인하길 바란다. 이게 하루를 시작하는 훨씬 나은 방법이다!

"떨리는 게 아니라 신나는 거야!"

내가 반대하는 전략이 또 하나 있다. 어떤 사람들은 떨릴 때와 신날 때 우리 몸에서 일어나는 반응이 똑같다고 한다. 심장이 뛰고, 손바닥에 땀이 나고, 몸에서 열이 나기 시작한다. 떨릴 때나 신날 때나 똑같은 감각을 느낀다. 그러니까 긴장해서 떨릴 땐 떨리는 게 아니라 신나는 거라고 머리를 속이는 것이다! 그러면 머리가 그 말을 믿고 떨림을 이겨낼 수 있다는 전략이다. 이 전략도 논리적이고 실용적이며 실행에 옮기기 쉬워 보인다.

하지만 이상하게도 '성취하는 뇌'는 가능한 한 자신을 더 강하게 만드는 결정을 내리려고 한다. 사람들이 알려준 전략은 긴장 속에서 상황을 제어할 능력이 없다고 인정하라는 말로밖에 들리지 않는다. 그러니까 떨릴 때 "나 지금 되게 신나"라고 말하는 전략은 단기간 써먹는 목발에 불과하다.

(다시 말하지만, 목발이 필요할 땐 써도 좋다. 그러나 최종 목표는 평생 목발을 짚고 걷는 게 아니라 제 발로 자유롭게 뛰어다니는 것이다.)

더 '크게' 생각하라는 전진 신호를 설명할 때 얘기했듯이, 나는 무섭고 어렵고 힘든 일을 이겨내도록 자신을 단련하고 싶다. 실제로는 떨리는데 신나는 거라며 최면을 걸고 싶지 않다. 그냥 사실대로 떨린다고 말하도록 자신을 단련한다. 나는 이 일을 하기가 몹시 떨린다고 인정한다. 그런데 이 사실을 아는가? 나는 두려운 일을 기어이 해낸다. 떨린다고 해서 소심하게 행동할 이유는 전혀 없다. 내가 꿈꾸는 사람이 되려면 떨리는 상황에서 물러나면 안 된다. 맞다. 나는 몹시 떨린다. 그런데 내겐 이런 상황을 이겨낼 '망할 놈의 도리토스' 전략이 있다.

내가 제시한 전략 중 마음에 와닿는 게 있다면 일단 시도해보는 게 가장 좋다. 나쁜 습관, 약점 혹은 패배감의 상징을 하나 고르자. 도리토스 과자, 설탕, 소셜 미디어 앱, 알람 시계, 그밖에 어떤 것이든 상관없다. 오늘 작은 테스트를 해보고 그 후에 기분이 어떤지 직접 확인하길 바란다.

"다른 사람과 비교하지 마라!"

"비교는 기쁨을 빼앗는 도둑이다." 시어도어 루스벨트 **Theodore Roosevelt**가 한 유명한 말이다. 이 말의 요지는 이해하기 쉽다. 다른 사람과 자신을 비교하면 자기 비하, 열등감, 질투심에 빠진다는 것이다. 따라서 비교 따윈 당장 그만둬야 한다.

하지만 내가 볼 때 남과 비교하는 건 한 전략일 뿐이다. 여러 효과적인 전략과 마찬가지로 큰 이익을 줄 수도 있고 해악을 끼칠 수도 있다. 사람들은 대체로 자신을 비하할 때 남들과 비교한다. 훨씬 앞서 있는 사람을 보면서 자신은 절대 성공할 수 없다고, 목표를 이룰 수 없다고 생각한다. 쓸데없이 에너지만 낭비하느니 일찌감치 포기하는 편이 나을 것 같다는 마음이 든다. 사람들은 이렇게 자신을 끌어내린다. 하지만 실행력을 일으키는 전략으로 '일부러' 남과 비교할 수도 있다. 나보다 훨씬 앞서 있는 사람을 보면 어떤 일이 가능한지 깨닫게 된다. 그러면 비참해지는 대신에 오히려 용기를 얻을 수도 있다.

내게 있어 역사상 가장 위대한 동기부여 연설가는 젊은 시절의 레스 브라운이다. 레스가 조지아 돔에서 펼친 연설은 세계 최고의 강사가 정점에 있을 때 어떤 말을 하는지 보여준다. 나 자신을 레스 브라운과 비교할 때, 나는 도저히 넘지 못할 벽이 있다고 실망하지 않는다. 사실 레스가 청중에게 전한 모든 메시지는 "가능하다!"라는 한마디로 요약할 수 있다. 레스 브라운의 연설을 들으면 내가 가는 길을 앞서 간 사람이 있다는 걸 알게 된다. 그 사람에 대해 배우고, 따라 하고, 연구하면 동기부여 연설가로서 더욱 빠르게 성장할 수 있다는 용기가 솟는다.

레스는 육상 1,600m에서 최초로 4분의 장벽을 깨뜨린 로저 배니스터**Roger Bannister** 이야기를 좋아한다. 사람들은 오랫동안 인간이 1,600m를 4분 이내에 주파하는 건 '불가능하다'라고 믿었다. 인간의 신체능력으로는 할 수 없는 일이라는 것이다. 그런데 1954년 5월 6일, 로저 배니스터가 모두 틀렸다는 걸 증명했다. 모두가 불가능하다던 4분 장벽을 돌파한 것이다. 그러자 다른 사람들도 4분 장벽을 넘기 시작했다. 한 달 후, 존 랜디**John Landy**가 4분 장벽을 넘었다. 이듬해에 또 다른 선수 3명이 4분 장벽을 돌파했다. 그리고 2022년에 이르러서는 고등학생 2명이 '한 대회'에서 동시에 장벽을 넘었다.

요점은 누군가가 어떤 일을 해내는 걸 보면 그 일이 가능하다는 믿음이 생긴다는 것이다. 앞서 가는 사람들을 보며 자신이 절대 따라잡을 수 없는 우상으로 여길지, 자신도 성공할 수 있다는 증거로 삼을지는 우리 선택에 달렸다.

남과 비교하는 데서 그들처럼 앞으로 나갈 힘이 생긴다. 사람들은 대체로 잘난 사람과 비교하며 자신을 과소평가한다. 하지만 앞서 가는 사람을 바라보면서 목표를 향해 자신을 밀어붙이는 힘으로 쓸 수도 있다. 나는 레스 브라운과 나를 비교하면서 앞으로 나아갈 힘을 얻는다. 앞서 말한 달리기 선수들도 로저 배니스터와 자신을 비교하며 앞으로 나아갈 힘을 얻었다. 긍정적인 압력이 없다면 정체되고, 성장이 느려지고, 현실에 안주하는 삶을 살게 된다. 자기 자신을 앞으로 밀어붙이는 힘은 우리가 성공하는 데 필요한 실행력을 만들어낸다.

우리 자신이 선택할 일이다. 남과 비교하며 자신을 비하하고 질투심에 빠질 것인가, 아니면 영감과 실행력을 얻어 앞으로 나아갈 것인가?

지금부터는 목표를 이루는 데 꼭 필요하다고들 하는 10년 목표가 사실은 쓸모없다는 얘기를 해 보자.

#2
전략 둘

쓸모없는
10년 목표 버리기

강사들은 자기계발 목표를 세우는 법을 가르치면서 10년 후 어디에 도달하길 원하는지 상상해보라고 권하곤 한다. 10년 후에 어떤 삶을 살고 싶은가? 뭘 이루고 싶은가? 그런 다음 거꾸로 5개년 목표, 1개년 목표, 6개월 목표, 1개월 목표, 마지막으로 오늘 1일 목표로 세분화하라고 한다. 이 전략은 매우 논리적이고 합리적으로 보인다. 하지만 한 가지 큰 문제가 있다.

10년 후 자신의 역량이 어느 정도일지는 아무도 모른다. 당신의 10년 전 모습을 생각해보라. 5년 전이나 2년 전 모습만 떠올려봐도 이 전략의 문제가 뭔지 알 수 있다. 10년 전 당신이 현재의 모습을 비슷하게라도 예측할 수 있었으리라 생각하는가? 당신이 아무런 변화가 없는 삶을 살았다면 모를까, 그럴 리 없다.

10년 후 자신이 어떻게 살고 있을지 상상할 수 있다면, 당신은 크게 생각하는 방법을 모르는 것이다. 우리는 지금 살아가는 세상과 본인의 역량을 바탕으로 미래의 삶을 그린다. 하지만 10년 동안 꾸준히 성장하고 발전한다면, 미래에는 지금 가능하리라고 생각하는 일보다 훨씬 엄청난 걸 하고 있을지도 모른다.

10년 전 '당신'이 오늘날 성장한 당신을 볼 수 있다면 깜짝 놀랄 것이다. 그때는 지금 당신이 해낸 모든 일을 예측할 방법이 없었다. 당신이 지금까지 이룬 일들은 10년 전 당신에겐 불가능한 일로만 보일 것이다. 10년 후 자기 모습을 그려보는 일도 마찬가지다.

10년 후 미래로 건너가서 그 시대의 당신을 만난다면 그가 이룬 일에 깜짝 놀랄 것이다. 미래의 당신이 이룩한 성과들을 보면 오늘날 당신이 처음 세운 계획에는 포함되지 않은 일도 많을 것이다.

미래를 꿈꾸는 건 즐겁다. 뭘 해낼 수 있을지, 어떤 사람이 될 수 있을지 상상하는 일은 우리에게 영감을 주고 의욕을 끌어올린다. 하지만 놓치지 말아야 할 사실이 있다. 때로는 처음에 세운 목표들을 놔버리는 게 나을 수도 있다는 걸 알아야 한다. 전에는 생각지도 못했거나 불가능하다고 여긴 목표가 가시권에 들어올 수도 있기 때문이다.

10년 목표를 기계적으로 고수한다면 개인의 성장을 유기적인 과정으로 받아들이지 못하고 목표 자체에만 집착하게 될 위험성이 있다. 오래전 세운 목표에 자신을 가두는 건 현명하지 않다. 자신의 잠재력을 무시하고 목표에 집착하는 건 제대로 된 전략이 아니다. 처음에 세운 계획에서 벗어나더라도 잠재력을 최대한 발휘하는 선택을 한다면 훨씬 더 많은 일을 이루게 될 것이다.

따라서 10년 목표를 세우는 건 원대한 꿈을 꾸는 훈련으로서만 유용하다. 이 훈련의 핵심은 목표 자체를 이루는 게 아니다. 이 훈련의 의미는 한 사람으로서 꾸준히 성장할 때 나아갈 방향을 정하는 데 있다. (한 가지 덧붙이자면, 큰 목표를 정했더라도 새로운 가능성이 열리면 유연하게 목표를 바꿀 수 있어야 한다.)

나는 이 글을 쓰는 현재 42세다. 10년 전 유튜브 구독자는 775명이었고, 언젠가 유명해져서 내 책을 쓰는 일은 없을 거라고 생각했다. 또 '외향적이고 자기중심적인 사람'만이 무대에 올라 자기 이야기를 퍼트리는 법이라고 믿었다. 42세가 된 나는 32살 때 가능하다고 생각한 것보다 훨씬 더 많은 일을 해냈다. 52세가 될 때까지 뭘 얼마나 할 수 있을지는 짐작도 못 하겠다. 당신도 마찬가지일 것이다.

나는 한 가지 원대한 사명을 품고 이를 실현하고자 지금 하는 일에 집중할 뿐, 그 사이에 몇 개년 계획 같은 건 굳이 필요하지 않다고 믿는다.

사명을 중심으로 목표에 접근하라

나는 10년 목표보다는 내가 품은 원대한 사명에 집중한다. 당신의 사명은 무엇인가? 당신이 해결하려는 가장 큰 문제는 무엇인가? 당신이 품은 목적은 과거에 겪은 고통에서 비롯됐을 것이다. 당신이 인생에서 극복한 가장 큰 고통은 무엇인가? 당신은 그 고통에서 배운 걸 바탕 삼아 오늘날 같은 고통으로 힘들어하는 사람들을 도와주고, 그들이 문제를 더 쉽게 극복하도록 안내하고 싶을 것이다.

나는 기업인으로서 많은 어려움을 겪었고, 꿈을 포기할 뻔한 적도 있기에 다른 기업인을 돕는다. 나는 다른 사람들이 더 쉽게 창업하고 사업을 유지하도록 돕고 싶다. 나 역시 20년 전에 창업이 너무 힘들어 동업자를 남겨두고 떠날 뻔했다. 나는 그 이후로 기업인을 돕겠다는 사명에 인생의 절반을 바쳤다. 남은 인생에도 이 일을 계속할 생각이다.

사람들을 돕는 '방법'은 계속 달라질 것이다. 새로운 도구와 기술, 발명품이 등장하겠지만 기업인을 돕겠다는 사명만큼은 변할 일이 없다. 나는 이 사명에 평생 헌신할 것을 안다. 이 정도면 뛰어난 예측 아닌가?

10년 목표를 세우기보다는 자신의 사명을 파악하는 게 좋다. 당신은 누구를 돕고 싶은가? 당신이 힘들게 극복한 문제는 무엇이고, 같은 문제로 힘들어하는 사람들에게 어떤 영감을 줄 수 있는가? 도움을 주려는 대상과 해결하고 싶은 문제를 구체적으로 정하되, 어떻게 도울지 방법을 두고 너무 스트레스를 받을 필요는 없다. 수많은 방법이 있을 것이고, 더 많은 방법이 날마다 새롭게 등장할 것이다.

이 책을 예로 들겠다. 지난 몇 년간 사람들은 내게 후속작은 또 언제 쓸 계획이냐고 물었다. 나는 항상 모른다고 답했다. 그럴 계획이 없었다. 책을 쓰는 일에 딱히 관심이 없었다. 채널을 운영해야 하고, 팀원들을 멘토링해야 하고, 소프트웨어 회사를 설립해야 하고, 투자를 받아 관리해야 했기 때문이다. 게다가 이제 막 새집으로 이사했다. 새 책을 쓸 생각조차 못 할 만큼 너무 많은 일이 벌어지고 있었다.

그러던 중, 이 책을 시작하기 4일 전에 키이라 폴슨과 연락이 닿았다. 키이라가 이 책을 쓰도록 영감을 줬다. 새 책을 쓰는 일은 생각지도 않았는데 갑자기 이번 주에 가장 중요한 일로 떠올랐다. 이렇게 된 것도 좋다. 아니, 그냥 좋은 정도가 아니라 굉장히 잘된 일이다! 이 일은 내 사명에 걸맞고, 올바른 선택이라는 생각이 든다. 그래서 나는 처음에 세운 계획에서 벗어나 새로운 계획을 세웠다.

10년 계획은 자신의 10년 후 모습을 예측할 수 있을 때만 효과가 있다. 만약 그런 일이 가능한 이가 있다면 아무 도전도 하지 않고 하루하루 뻔하게 살아가는 사람일 것이다. 그러므로 해결책은 장기적 관점에서 자신의 '사명'이 뭔지 묻는 것이다. 그런 다음 "나는 지금 뭘 하고 있는가?"라고 물어야 한다. 원대한 사명에 집중하라는 말은 계획 없이 매주 다른 일을 하라는 뜻이 아니다. 이미 앞에서 비슷한 작업을 묶어 처리하고 시간을 관리하는 법을 설명했다. 요점은 갑자기 영감이 떠오르거나, 어떤 일에 새로 몰입하거나, 더 좋은 기회가 찾아왔을 땐 정해진 일정에서 벗어나 유연하게 대처할 수 있어야 한다는 것이다. 적어도 시도는 해보자. 그러지 않으면 "그 아이디어를 시도라도 해볼 걸 그랬나?"라고 평생 후회하며 살게 될 것이다.

더는 10년 계획을 세우지 마라. 항상 좋은 일이 생길 거라는 뜻이 아니다. 설령 일이 잘못되더라도 "잘된 일이야!"라고 말하며 마음가짐을 바꿀 줄 알아야 한다.

침대 부수기

#3
전략 셋

"잘된 일이야!"
라는 주문

이 또한 언뜻 보면 이상할 테지만, 익숙해지면 꽤 효과적인 전략이다. 친구들이 이상한 눈으로 쳐다보는 걸 개의치 않는다면 이 전략이 안성맞춤이다. 나쁜 일이 생겼을 때 오히려 "잘된 일이야!"라고 말하는 게 핵심이다.

큰 거래를 놓쳤는가? "잘된 일이야!" 컴퓨터가 고장이 나서 작업 중이던 문서가 지워졌는가? "잘된 일이야!" 직원 한 명이 기밀을 훔쳐 달아난 것 같은가? "잘된 일이야!" 물론 이런 상황이 기쁠 리 없다. 큰 거래를 놓친 것도, 작업 중인 문서가 날아간 것도, 기밀을 도난당한 것도 전혀 기쁘지 않다.

하지만 "잘된 일이야!"라고 외치면 긍정적인 심리로 바뀌 실행력을 일으키고 문제를 빠르게 해결할 수 있다. 부정적인 일이 생겼을 때 보통 어떻게 반응하는가? 평범한 사람들은 불평한다. "왜 나한테 이런 일이 일어났지?" 좌절하고 욕을 쏟아낸다. 여차하면 참지 못하고 주변 사람에게 화를 내기도 한다.

문제는 어느 것도 도움이 되지 않는다는 사실이다. 불평하고, 좌절하고, 사람들에게 소리를 지른다고 놓친 거래를 되돌릴 수는 없다. 오히려 상황을 더 나쁘게 만들 뿐이다.

성취욕이 높은 사람은 문제를 해결하려 애쓰고, 불평을 늘어놓지 않는다. 다른 사람들과 비교하고 안주하지 않는다. 성취욕이 높은 사람은 자기만의 기준도 높다. 세상 사람들과 자신을 비교하는 게 아니라 꿈꾸는 미래의 '나'와 현재의 '나'를 비교해야 한다. 꿈꾸는 '나'와 비교할 때 현재의 '나'가 불평이 많고 소심하지는 않은지 살펴야 한다.

나쁜 일이 일어났을 땐 일단 "잘된 일이야!"라고 외치는 전략이 효과적이다. 이렇게 말하고 나면 좌절하기보다는 실행 모드로 접어들게 된다. 그러면 부정적인 마음가짐이 긍정적이고 생산적인 마음가짐으로 바뀐다. 그러면 실행력이 생기고 다시 정상 궤도에 올라설 수 있다.

"잘된 일이야!"라고 외치는 건 '망할 놈의 도리토스' 전략과 마찬가지로 우리에게 이 상황을 이겨낼 힘이 있음을 일깨운다. 어떤 문제에 지배당하는 게 아니라 자신이 그 문제를 지배할 수 있다고 선언하는 것이다. 이 전략을 쓰면 이전보다 더 강한 모습으로 세상에 맞설 수 있다.

전진 신호로 설정한 말을 주변 사람에게 알려 도움을 받듯이, '잘된 일'이라고 마음먹는 전략을 쓸 때도 주변 사람에게 도움을 요청하자. 다음에 자신이 불평하는 모습을 보거든 오히려 잘된 일이라 말해달라고 부탁하자. 이런 일은 친구와 가족에게 부탁하면 특히 효과적이다. 그들은 이 일을 게임처럼 여기며 우리가 불평하는 순간을 호시탐탐 엿보다가 곧바로 잡아낼 것이다.

나쁜 일이 일어났을 때도 "잘된 일이야!"라고 외치며 생각을 긍정적으로 바꾸면 자기 자신이 한 걸음 성장할 뿐만 아니라 다른 사람들도 우리에게 영감을 받아 성장할 기회를 얻는다.

우리 부부가 텍사스를 가로지를 때 니나가 이 사실을 다시금 보여줬다. 지금부터 그 얘기를 들려주겠다.

2022년 6월 4일 업데이트
글쓰기 시간: 오전 1:45~오전 3:30

기분이 이상하다. 갑자기 피곤이 몰려오고 금방이라도 쓰러질 것 같다. 벌써 새벽 3시 30분이니까 휴식을 취하는 편이 좋겠지만 이번 장을 마무리하지 못한 채 멈추고 싶지 않았다. 텍사스에서 겪은 일화는 꼭 들려주고 싶은 재미난 이야기다! 하지만 일단 몸이 보내는 신호에 주의를 기울여 휴식을 취하고 내일 다시 작업을 이어갈 생각이다. 내일은 토요일이니까 니나와 재미난 일을 할 생각이지만, 짬을 내서 이번 장을 이어가지 않을까 싶다. 니나 같은 훌륭한 지원군이 있다니, 나는 운 좋은 남자다. 니나 같은 사람을 찾으면 자기 편으로 만들어야 한다. 일단 오늘 작업은 여기까지다. 지금까지 4,071단어를 썼고, 이 실행력을 이어가고 싶을 뿐이다!

2022년 6월 4일 업데이트 두 번째

아침 6시다. 이 글을 어떻게 시작해야 할지 모르겠다. 오늘은 스트레스가 많은 날이다. 나는 4시간 자고 일어나서 아침 루틴을 실행했다. 니나와 재미난 하루를 보낼 걸 생각하니 기분이 좋았다. 오늘은 토요일이라 뭘 할지 몇 가지 계획을 세웠다. 나는 아내를 찾아서 주방으로 갔고, 니나를 무릎에 앉혀 가볍게 끌어안았다. 오늘 계획을 얘기할 참이었는데 아내가 갑자기 비명을 질렀다. 나는 깜짝 놀라서 물었다. "무슨 일이야?" 아내는 이렇게 대답했다. "당신이 끌어안을 때 턱이 가슴을 눌렀는데, 거기가 이상하게 아파." 니나는 내 턱이 닿은 자리를 매만졌다. 그러더니 웃음기가 싹 사라졌다.

"맙소사. 가슴에 멍울이 생긴 것 같아."

나는 니나가 손을 댄 자리를 눌러봤다. 1cm 정도 되는 멍울이 있었다. 반대쪽 가슴에는 멍울이 없었다. 맙소사. 니나의 가슴에 멍울이 생겼다. 복잡한 감정이 머릿속을 지나갔다. 18개월 전 암으로 가족을 잃은 기억 탓에 최악의 시나리오가 떠올랐다.

나는 니나에게 말했다. "잘된 일이야, 니나." 니나는 이 말을 믿지 않았다. 나 역시 그렇게 생각하지 않았다. 하지만 나는 이 말을 떠올리고 내뱉음으로써 실행 모드에 들어갈 힘을 얻었다. 이 문제를 해결할 생각이었다. 나는 검사가 가능한 병원 중 주말에 여는 곳을 찾아보기 시작했다. 예약 없이 찾아갈 수 있는 가장 가까운 병원이 15분 후에 진료를 시작했다. 우리는 차를 몰아 나갔고, 내가 주차하는 동안 니나가 내려서 접수처 앞에 줄을 섰다. 꿈을 꾸는 듯 현실 감각이 없었다.

진료를 받으려면 1시간 30분을 기다려야 했다. 우리는 그 사이에 산책을 하려고 밖에 나가 근처 카페로 향했다. 맑은 햇살과 신선한 공기, 푸른 자연이 마음을 진정하는 데 도움이 됐다. 카페에 들어가 카푸치노 두 잔을 주문하고 앉아서 기다렸다. 그때 니나가 눈물을 쏟기 시작했다. 나는 니나를 위해서라도 마음을 굳게 다잡으려고 애썼다. 니나는 최악의 시나리오를 떠올리고 있었다.

"괜찮을 거야, 니나. 잘된 일이야. 우리 함께 이 문제를 헤쳐가자." 다시 말하지만 이 상황이 정말로 잘됐다고 믿은 게 아니다. 하지만 나는 그렇게 말함으로써 실행 모드에 들어갔다. 핸드폰으로 가슴 멍울에 관한 온갖 정보를 찾기 시작했다. 가슴에 생긴 멍울은 낭종이나 림프절 혹은 지방 조직일 수도 있었다. 암이 아닌 사례는 수없이 많았다. 나는 의료업

침대 부수기

계에 종사하는 친구와 의사 친구에게 문자를 돌렸다. 토요일 아침이라 누가 가장 빨리 답장을 보내줄지 몰랐다. 친구들은 걱정하지 말라며 일단 검사를 받아보라고 했다. 초음파 검사도 받아야 할 거라고 했다. 다른 사람과 대화를 나누는 것만으로도 마음이 조금 진정됐다. 나는 놀란 니나를 진정시키려고 애썼다. 솔직히 자세한 사항은 기억나지 않는다. 지금도 충격이 가시지 않아서 이 글을 쓰면서도 감정을 추스르고 있다. 오전 11시 30분에 가까워져서 병원으로 돌아갔다. 우리는 햇볕이 드는 쪽으로 걸었다. 나는 농담을 던지고 미소를 지으며 분위기를 띄우려 애썼다. 어느 정도 효과가 있었다. 그렇게라도 웃지 않았다면 우리 둘 다 울었을 것이다. 나는 다시 "잘된 일이야"라고 말하며 마음을 다잡고 코앞에 닥친 일에 집중했다. 우리는 이 멍울이 뭔지 알아낼 것이다. 그리고 이겨낼 것이다. 니나는 괜찮아질 것이다. 아니, 괜찮아져야만 한다.

다시 병원을 찾아갔으나 진료가 지연됐다. 한 시간 더 기다린 끝에 진료실에 들어갔다. 내 평생 가장 긴 한 시간이었다. 나는 니나의 가슴 멍울이 뭘지 다시 검색했고, 다양한 조건에 따른 여러 가지 증상을 살펴봤다. 니나는 열이 없었고, 직계 가족 중에 초기 암 이력이 있는 사람도 없었다. 생명보

험에 가입하느라 몇 개월 전에 다양한 검사도 마쳤고 모두 정상 수치로 통과했다. 하지만 내 머리는 암이라는 단어를 떨쳐내지 못했다. 그 단어를 지우려고 아무리 애써도 소용이 없었다. 마침내 의사가 니나를 불렀다. 우리는 함께 진료실에 들어갔다. 의사는 멍울을 검사하며 3가지 가능성을 언급했다. 의사가 말한 내용 가운데 일부는 방금 검색한 정보 덕에 이해가 됐다. 의사는 놀라운 말을 했다. "심각하지 않을 가능성이 99퍼센트입니다."

너무나 감사한 일이다. 나는 몇 초간 머리가 멍해져서 아무 소리도 들리지 않았다. 중요한 건 니나가 괜찮을 거라는 사실이었다. 의사는 다음 단계로 초음파 검사를 해야 한다 말했고, 검사를 예약할 수 있도록 청구서를 건넸다. 아까 카페에 있는 동안 주변에서 가장 높은 평점을 받은 초음파 검사 병원을 알아봤다. 우리는 그 병원에 전화를 걸어 월요일에 검사를 받기로 했다. 월요일은 직원들을 멘토링하는 날이지만 일정을 일부 취소할 생각이다. 약속을 취소하게 됐지만 그 이유가 조금도 부끄럽지 않다. 니나 혼자 병원에 보낼 수는 없다.

아직 이 문제를 완전히 매듭지은 게 아니다. 뭔가 좋지 않은 결과가 나올 가능성도 배제할 수는 없다. 우리는 니나가

침대 부수기

건강한지 확인하기까지 모든 단계를 거칠 생각이다.

하루 동안 엄청난 감정 기복을 겪었다. 우리는 병원에 다녀와서 오후 3시에 늦은 점심을 먹고 장모님을 찾아뵌 뒤 집에 돌아왔다. 나는 45분간 휴식을 취했다. 그리고 지금 이 글을 쓴다. 나는 니나에게 무엇이 필요한지, 뭘 하고 싶은지 물었다. 니나는 이렇게 말했다. "나는 괜찮아. 우리가 할 수 있는 일은 이미 다 했어. 가서 책을 써. 이번 주말에 끝내야지. 디카페인 커피 타줄까?"

정말이지, 이 글을 쓰는 순간에도 눈물이 난다. 니나가 내게 얼마나 특별한 사람인지 새삼 느낀다. 나는 다시 글을 쓰고 있다. 얼마나 오래 쓸지는 모르겠다. 방금 쓴 이 글을 최종 원고에 실을지 말지도 모르겠다. 이건 니나의 사연이니까 본인에게 의견을 물어볼 생각이다. "잘된 일이야"라고 애써 긍정적인 말을 내뱉은 게 오늘 하루를 버티게 해줬다. 이 전략 덕분에 절망에 빠지지 않고 행동할 수 있었다. 그전에 텍사스 이야기를 들려주겠다고 했으니 이제 그 말을 지키려고 한다.

텍사스의 젖소 떼는 장난이 아니다!

니나와 나는 뉴멕시코 앨버커키에서 열리는 행사에 참석하려고 텍사스 북부 지역을 지나고 있었다. 광활한 평지가 나오더니 갑자기 엄청난 젖소 떼와 마주쳤다.

사방에 젖소들이 있었다! 고속도로 양쪽으로 셀 수 없이 많은 젖소가 무리 지어 있었다. 한곳에서 이렇게 많은 젖소를 본 건 내 평생 처음이었다. 니나와 나는 엄청나게 많은 젖소에 경외감마저 느꼈고, 이 순간을 기억하려고 사진을 찍기 시작했다.

그때 거북한 냄새가 코를 찔렀다. 전혀 예상치 못한 일이었다. 신선한 공기를 마시며 기분이 좋았던 것도 잠시 우리 콧속 세포 하나하나가 젖소 냄새로 가득 찼다. 이렇게 강렬한 냄새는 살면서 처음이었다.

냄새가 더 들어오지 않도록 렌터카 에어컨에 바깥 공기를 막고 실내 공기만 순환시키는 기능이 있는지 찾기 시작했다. 니나가 내 손을 붙잡으며 말했다. "지금 바깥 공기를 막아도 소용없어. 냄새가 이미 차 안으로 들어왔잖아."

맞는 말이었다.

"그거 알아? 이럴 땐 '잘된 일이야'라고 말하는 거야!"

니나 1승, 에번 1패.

미국 전역을 돌며 사람들을 만나 난관에 직면할 때면 "잘된 일이야!"라고 말하라 가르쳤는데, 정작 나는 젖소 떼가 풍기는 악취를 없애려고 불평이나 했다.

그렇게 우리는 위기의 순간에 뿌듯한 선택을 했다. 우리는 창문을 끝까지 내려 차 안으로 들어오는 냄새를 그대로 받아들였다. 우리는 냄새와 하나가 돼서 상황을 웃어넘겼다.

니나가 "잘된 일이야!"라고 관점을 바꾼 덕에 상황이 역전됐다. 이번 여행 중 최악의 순간이 될 수도 있었던 상황이 가장 즐거운 순간으로 바뀌었다.

우리는 숙소에 도착하자마자 몸을 씻고 옷을 빨았다. 그날 저녁에 잠을 자려고 눕자 여러 차례 씻었는데도 여전히 몸에서 젖소 냄새가 났다. 하지만 이 경험은 무엇과도 바꿀 수 없다. 잘된 일이야!

이제 다음 전략으로 넘어가서 개인의 경험을 나누는 게 얼마나 중요한지 알아보자.

#4

유명해지지 않는 건
이기적인 짓이다

/|||

"스티브, 난 유명해지고 싶지 않아요." 내가 에이전트 스티브에게 입버릇처럼 하던 말이다. 스티브는 베스트셀러 작가인 멜 로빈스와 그랜트 카돈 같은 사람들을 대변하는 열정적인 뉴요커다.

스티브는 늘 나를 보살펴줬다. 라디오 쇼에 출연시키고, 출판 계약을 맺고, 내 분야에서 더 나은 혁신가가 되는 법을 가르쳐 줬다. 심지어 내가 조언에 따르지 않을 때도 변함없이 말이다.

스티브는 내가 유명해져야 한다고 생각했다. 이 점에서

나와 생각이 달라 자주 의견 충돌을 빚었다. 스티브는 기회가 있을 때마다 내게 유명해져야 한다고 말했다. 하지만 나는 유명해지고 싶다는 마음이 없었다. 나는 내성적인 사람이다. 조명받는 걸 좋아하지 않는다. 자기 자랑을 일삼으며 명성을 얻는 데 관심이 없다. 그런 일은 자기 자랑에 열을 올리는 이기적인 사람들이나 하는 거라고 생각했다. 그런 부류에 속하고 싶지 않았다.

스티브는 말싸움하다가 지치면 결국 내 뜻대로 하게 놔두곤 했다. 하지만 스티브가 소신을 굽히지 않고 끝까지 밀어붙인 덕에, 나는 감사하게도 어느 날 마침내 그의 진의를 이해했다.

스티브가 평소와 다른 방식으로 표현했는지, 아니면 그날따라 내 마음이 더 열려 있었는지는 기억나지 않는다. 스티브가 이렇게 말했다. "에번, 당신은 사람들을 돕는 일에 열정을 쏟고 있어요. 안 그래요? 당신이 어떤 인물인지 널리 알릴수록 더 많은 사람이 당신의 메시지에 귀를 기울이지 않겠어요?"

뒤통수를 세게 한 방 맞은 기분이었다. 내 이야기를 공유하는 건 나쁜 일이 아니다. 오히려 얘기하지 않는 게 이기적인 짓이다! 내 이야기가 누군가에게 영감을 줄지도 모르는 데, 사람들이 내가 어떤 삶을 살았는지 모른다면 내 말을 경청하지 않을 거라는 생각이 들었다.

유명해지려고 자기 자랑을 떠벌릴 필요는 없다. 물론 도움이 되겠지만 그 방법만 있는 건 아니다. 자기 이야기를 들려주지 않는 건 이기적인 짓이라고 말할 때마다 기분이 이상하다. 하지만 지금은 이 말이 사실이라고 믿는다. 유명해지겠다는 욕심은 없지만 사람들을 돕고 싶은 내성적인 사람은 어떻게 해야 할까? 나도 그 방법을 찾아내야 했다.

나는 유튜브 채널에서 다른 기업인들의 성공 사례를 공유하고, 다음에는 어떤 손님을 초대하면 좋을지 시청자들에게 묻곤 했다.

인터뷰해달라는 요청이 가장 많았던 인물이 누구인지 아는가? 바로 나였다. 믿기지 않았다. 인사치레로 하는 말인 줄 알았다. 다른 모든 채널에서 오프라 윈프리나 스티브 잡스 같은 유명인을 초대해 이야기를 듣고 배우는 판에 누가 나 같은 사람 얘기를 들으려고 하겠는가? 그런 요청이 이해가 되지 않았다.

내 이야기에도 오프라 윈프리나 스티브 잡스가 경험하지 못한 것들이 있다는 사실을 나중에야 깨달았다. 내가 고생하며 극복한 일은 오프라 윈프리나 스티브 잡스가 경험한 것과

달랐다. 이 사실을 깨우치고 나서야 내 경험과 일하는 이유를 사람들에게 알리기 시작했다. 이 책 앞부분에서 설명한 대로, 나는 '자신의 목적을 기억하라'라는 전략을 써서 내 이야기를 나눌 용기를 냈다. 내가 이 일을 하는 목적은 사람들의 환호성을 듣는 게 아니라 그들에게 도움을 베푸는 것이다.

내 이야기를 꺼낼 때마다 내게서 영감을 받은 사람이 늘어났다. 덕분에 내 이야기를 더 많이 나누게 됐다. 그러자 더 많은 사람이 영감을 받았다. 이 과정이 선순환으로 이어졌다. 그러면서 내 경험을 나누는 게 중요할 뿐 아니라, 사람들이 내 이야기에 공감해준다는 사실을 실감했다.

나는 마침내 내 경험을 아주 많이 나누게 됐다. 나중에는 내가 어떤 사람인지 글을 써서 웹사이트 첫 페이지에 올렸다. 다음은 내 웹사이트 상단에 있는 내용이다.

과거의 나	현재의 나
수줍은	나누는 자
무일푼	예술가
내성적인	돕는 자
친구 하나 없는	작가
어울리지 못하는	사상가
항상 아픈	강연가
불량 학생	창작자
완벽주의자	꿈꾸는 자
신경 틱이 있는	믿는 자
학습 장애가 있는	인플루언서
결혼에 실패한	동기부여자
사람들을 실망시킬까 두려운	도전자
부모가 정신과에 데려간	기업인

아동 정신과에 간 여덟 살 소년

나는 학습 장애를 겪은 것 같다. 걸음마를 떼는 데도 19개월이나 걸렸다. 사람들은 우리 부모님을 볼 때마다 내게 무슨 문제가 있는 건 아니냐고 물었다. 세 살에 유치원에 갔을 땐 수업에 참여하지 않고 책상 밑에 앉아 긴 시간을 보냈다.

늘 아팠다. 심각한 중이염으로 항생제를 달고 살았다. 청력 문제를 해결하려고 여러 차례 수술을 받았다. 학교도 세 번이나 옮겼다. 부모님은 학교에서 내 상태에 맞는 특별한 주의를 기울이는지, 내가 친구를 한 명도 못 사귀는 건 아닌지 걱정하셨다.

모험심과 호기심이 넘치고 행복하게 웃던 아이가 갈수록 내성적으로 변하는 데다 신경 틱 문제가 심해졌다. 어머니는 나를 아동 정신과에 데려갔다. 아동 심리학자는 고등학교를 졸업할 때까지 웬만하면 남학교에 다니라고 권했다. 나는 학교 성적이 좋았던 적이 한 번도 없고 친구도 별로 없었다. 담임 선생님들은 내가 게으름을 피우고 노력하지 않는다며 비난했다.

하지만 부모님은 늘 말씀하셨다. "너는 에번 카스트릴리 카마이클이야. 네가 할 수 있다고 믿는 건 뭐든 할 수 있어." 고등학교 졸업반에 올라가서 파 선생님Mrs. Farr을 만났다. 그

분은 내 멘토이기도 했다. 학생들 대다수는 멘토 역할을 해 줄 교사를 만날 기회가 없지만, 나는 운 좋게도 매주 파 선생 님을 만났다. 선생님은 내가 스스로를 믿도록 도와주셨다. 늘 B와 C 성적을 받던 나는 마지막 학기에 모든 수업에서 A+ 를 받았고 원하는 대학에 전액 장학생으로 진학했다. 나는 바보가 아니었다. 도움이 약간 필요했을 뿐이다!

인생 가장 어려운 결정을 내린 열아홉 살

고등학교를 졸업하면서 앞으로 어떻게 살지 모든 계획을 세웠다고 생각했다. 대학에 가서 경제학을 공부하고 투자은 행가가 될 계획이었다. 하지만 대학에 다니면서 소프트웨어 회사를 갓 창업한 두 기업인과 동업할 기회를 얻었고, 두 사 람은 내게 회사 지분 30퍼센트를 제안했다. 새롭게 시작한

침대 부수기

사업에 전념할수록 경제학 수업에서 배운 무엇도 도움이 되지 않는다는 생각이 들었다. 대학이 모든 문제에 해답을 줄 거라고 믿었는데 그게 아니었다. 경제학자가 될 생각이 없는 한 4년 동안 뭘 배운들 실생활에는 별로 쓸모가 없을 거라는 사실을 깨달았다.

그래서 열아홉 살에 인생 가장 어려운 결정을 내렸다. 한 달에 겨우 300달러 매출을 올리는 공동 창업 회사를 계속 붙들고 있을지, 아니면 꿈에 그리던 고액 연봉을 주는 투자은행에 들어갈지 둘 중 하나를 택해야 했다. 결정을 내리기까지 고민에 고민을 거듭했다. '기업인이 될 역량이 부족하면 어떡하지? 성공하지 못하면 어떡하지? 살아가는 데 부족함이 없을 만큼 돈을 벌지 못하면 어떡하지? 이 선택으로 투자은행가가 될 단 한 번의 기회를 날려버리면 어떡하지? 한 달에 고작 300달러나 벌자고 고액 연봉을 포기할 수 있을까? 일생일대의 직장을 포기하면 사람들이 뭐라고 할까?'

대학 동기 몇 명은 취업하기 전에 1년간 쉬며 여행과 모험을 즐겼다. 그래서 나도 1년간 쉬되 친구들처럼 여행을 즐기는 대신 사업에 도전하기로 했다. 나는 아마존 창업자 제프 베조스Jeff Bezos를 보며 의욕을 다졌다.

베조스는 자신의 도전이 어떤 결과로 이어질지 몰랐지만,

시도조차 못 했다며 후회하지 않기로 했다. 그래서 고액 연봉을 받던 투자은행을 그만두고 기업인이 됐다. 나 역시 도전을 포기하고 나이가 들어서야 후회하느니 설령 실패하더라도 도전해보는 편이 낫겠다고 결심했다. 나는 투자은행 일자리를 거절하고 사업에 전념했다. 직접 해보지 않는 한 결과가 어찌 될지 모르기에 도전했다. 그리고 곧 후회했다.

인생 최대의 실수를 저지른 낙오자가 된 기분

나는 온종일 일만 했다. 회사에만 매달렸지만 별다른 성과는 보이지 않았다. 온갖 방법을 시도하고, 오랜 시간 일하고, 아무리 많은 아이디어를 생각해내도 결과에 큰 변화를 주지 못했다. 믿기지 않았다. 오래전 바보 취급을 받던 학창 시절로 돌아간 기분이었다. 매출은 한 달에 300달러가 고작

이었으니 소득이랄 것도 없었다. 나는 부모님 집에서 지냈다. 날마다 똑같은 콩 샐러드로 도시락을 만들어 동업자 집으로 출근했다. 그래야 돈이 적게 들고 배를 채우기도 좋았다. 친구들과 만나는 사교모임은 한 달에 한 번만 참석했다. 피자와 맥주 값으로 25달러를 내는 것도 벅찼기 때문이다.

나는 형편이 어렵다는 얘기를 아무에게도 하지 않았다. 그래서 안 그래도 힘든 삶이 더 고단했다. 성공하지 못했다는 사실이 부끄러웠다. 친구들에겐 '정신없이 일하느라 바빠서' 혹은 '기업인의 삶'을 사느라 어울릴 시간이 없다고 했지만, 사실 나는 빈털터리였고 낙오자가 된 기분이었다. 은행에서 대출을 받으려고 했지만 사업이 스타트업인 데다 값나가는 자산도 없어서 거절당했다. 낙오자가 된 기분으로 하루하루 초라하게 살아가던 어느 날, 동업자에게 전화를 걸어 이렇게 말했다. "난 그만두겠어요. 인간으로서 최소한의 가치는 찾고 싶은데 이 사업은 도저히 안 되겠어요."

그날 밤에는 잠을 이루지 못했다. 거의 뜬눈으로 밤을 지새우고 이튿날 일어나 아직은 그만둘 수 없다는 사실을 깨달았다. 내가 가진 모든 걸 쏟아붓지 않았기 때문이다. 지금 그만두면 후회할 것 같았다. 포기하기에는 너무 이르다는 생각이 들었다. 하지만 이대로는 일을 지속할 수가 없었다. 성공할 수 있는 다른 길을 찾아야 했다. 뭔가 대단한 게 필요했다. 아니, 뭐라도 좋았다! 그래서 나 자신에게 간단한 질문을 던졌다. "소프트웨어 회사를 세워서 성공한 사람은 누가 있을까?" 가장 먼저 떠오른 사람은 마이크로소프트의 빌 게이츠였다. 나는 빌 게이츠가 어떻게 무에서 유를 창조했는지 연구하고 내 사업에 적용했다. 얼마 지나지 않아 첫 거래를 맺었다. 규모는 13,500달러였다. 믿기지 않았다! 큰돈처럼 보이지 않을 수도 있지만, 그때까지 내 인생에서 가장 많은 돈이었다. 더 중요한 사실은 더 많은 거래를 맺을 시스템이 갖춰졌다는 것이다. 나는 더 이상 쓸모없는 사람이 아니었다! 그저 길라잡이가 돼줄 올바른 모델이 필요했을 뿐이다.

스물두 살에 놓친 4천만 달러짜리 거래

나는 항상 완벽을 추구했다. 실수하거나 잘못해서 망신 당하는 게 두려웠다. 회사가 잘되기 시작하자 새로운 사업 계획에 착수했다. 사업을 폭발적으로 성장시키고 백만장자가 돼 영원히 경제적 자유를 누리고 싶었다. 사업 계획에 미친 듯이 매진했다. 계획이 거의 완성됐을 때 여전히 의구심

이 드는 문제가 있었다. 그래서 좀 더 시간을 두고 고심했다. 의구심이 '완전히' 사라지자 비로소 완벽하다는 확신이 생겼다. 드디어 개발을 마쳤다. 꿈꾸던 그대로 사업 계획을 완성했다. 그래서 안심하고 이 계획을 투자시장에 내놨다. 이 대담한 계획에 반해 우리 회사를 인수하려는 기업이 등장할 테고, 우리는 부자가 될 날만을 기다리면 됐다! 업계 대기업이 우리 회사를 인수한다는 큰 그림을 그렸다. 그래서 수십억 달러 규모를 자랑하는 1위 기업을 찾아갔다.

그런데 그 기업은 우리 제안을 거절했다. '거절한다니? 잠깐만, 뭐라고요?' 사업 계획은 완벽했다. 어떻게 우리 제안을 거절할 수가 있지? "제안서를 다시 읽어보시겠습니까?" "미안하지만, 그 제안은 사양하겠습니다." 나는 충격을 받았다. 그동안 투자한 시간과 노력이 모두 물거품이 됐다.

우리는 차선책을 떠올렸다. "1위 기업은 우리 회사를 사지

않겠다지만, 그다음 경쟁사들은 관심이 있지 않을까?" 우리
는 다른 회사들에 연락하기 시작했고, 업계에서 4번째로 큰
회사와 미팅 자리를 마련했다. 그 사람들은 우리 같은 회사
를 인수하려고 최근에 대규모 자금을 준비한 상태였기에 큰
관심을 보였고, 그렇게 협상할 기회를 얻었다. 그들은 이미
지난 3개월간 우리 경쟁사와 상당한 논의를 거쳤다고 했다.

그들은 사업 계획과 소프트웨어는 물론이고 사람 대 사람
으로서도 우리를 좋아했다. 하지만 이미 우리 경쟁사와 협상
을 진행해 상당한 진전을 이뤘고, 또 신속하게 사업에 착수
하고자 했다. 그러더니 결국 우리 회사가 아니라 경쟁사를 4
천만 달러에 인수했다.

그 소식을 듣자 이런 생각이 들었다. "나는 왜 그렇게 완벽
주의자가 되려고 애썼을까? 다소 부족한 점이 있더라도 사업
계획을 일찍 마무리하고 3개월 전에 대화를 나눴다면 어땠
을까?" 그러면 결과가 달라졌을 거라고 장담할 순 없지만, 4
천만 달러를 손에 넣을 가능성이 50퍼센트만 됐다면 기꺼이
그 기회를 붙잡았을 것이다! 결국 다른 대기업이 우리 회사
를 인수했고, 스물두 살로서는 꽤 많은 돈을 받았다. 나는 이
사건 이후로 완벽한 준비보다는 한발 앞서 나아가는 데 초점
을 맞추게 됐다. 내게 부족한 건 바로 실행력이었음을 깨달

았다. 나는 그때 멘토를 찾지 못했다. 롤모델을 찾고 그들의 성공 경험에서 가르침을 얻어야 했다. 하지만 그러지 못했고, 결국 비싼 대가를 치르고 말았다.

나는 내향적이고, 사람들이 실망하는 게 가장 두렵다

회사를 매각한 후에 전 세계를 돌며 강연했다. 비록 성공하지는 못했지만 또다시 소프트웨어 회사를 창업했다. 벤처 투자자로서 기업 고객을 위해 50만 달러부터 1,500만 달러에 달하는 자금을 조달하기도 했다. 내 이름으로 웹사이트를 만들어 10만 페이지가 넘는 콘텐츠를 만들었다. 그리고 마침내 2009년 4월에 유튜브를 시작했다.

나는 글로 된 자료를 읽거나 들으며 학습하는 것보다 영

상 자료를 쓰는 편이 훨씬 좋다. 학교에서 힘들었던 어린 시절을 돌이켜보면 글로 된 교재를 좋아하지 않았다는 점이 공부를 못한 데 한몫한 것 같다. 그래서 유튜브라는 게 생겼다는 소식을 들었을 땐 영상 콘텐츠를 공유하며 기업인들을 돕기에 좋은 공간이 되리라고 생각했다! 하지만 나는 수줍음을 타고, 많이 긴장하고, 실패를 두려워하는 내성적인 사람이라 유튜브에서 잘할 자신이 없었다. 사람들이 내게 실망하지는 않을까 두려웠다.

첫 영상을 올리고 1년 동안 댓글을 남긴 사람은 어머니와 누나, 내 영상을 우연히 발견한 어떤 남자, 이렇게 세 명뿐이었다. 1년 동안 달랑 셋이라니! 나는 내성적인 사람이다. 유명해지려고 유튜브를 시작한 게 아니다. 그저 사람들을 돕고 싶어서 시작한 일이다.

카메라 앞에서 마음이 편해지기까지 오랜 시간이 걸렸다. 내가 살아온 이야기가 특별히 재밌다고 생각한 적도 없고, 사람들이 내 사적인 이야기를 원한다고 느낀 적도 없다. 촬영할 때 다른 사람이 옆에 있으면 설령 친누나라도 불편했다. 나는 늘 긴장하고 부끄러워했다. 내가 만든 결과물에 실망할 때가 많았다.

하지만 완벽주의자가 되려다가 4천만 달러를 놓친 후에

깨달은 바가 있었다. 그래서 부족한 점이 있더라도 콘텐츠를 만들었다. 그렇게 만든 콘텐츠를 세상에 내놨지만 나 자신과 몇 안 되는 구독자들을 실망시킬까 봐 두려움을 떨칠 수가 없었다.

그러다가 에이전트 스티브를 만났다. 뉴욕 토박이인 스티브는 멜 로빈스나 그랜트 카돈 같은 사람들이 유명해지기까지 옆에서 지원한 사람이다.

스티브는 내게 유명해질 생각이 없는 게 문제라고 했다. 나만큼 좋은 사람은 본 적이 없으니 기회를 주겠다고 했다. 돌아보면 쉽지 않은 일이었다. 하지만 스티브는 지금까지 1만 개도 넘는 영상을 만드는 동안 다그치고 몰아세우고 위로하며 내가 더욱 성장하도록 도와줬다. 스티브 없이 작업한 초창기 5년 동안 구독자 수는 0명에서 9,000명으로 늘었다. 이후 스티브와 함께한 5년 동안엔 9,000명에서 2백만 명으로 늘었다. 다시 말하지만, 멘토나 롤모델 없이 혼자 일할 땐 실패하는 경우가 많았다. 하지만 멘토나 롤모델과 함께할 때면 비로소 성공했다.

내 이야기에 공감하는 부분이 있는가?

내가 어떻게 살았는지 듣고 나니 왜 이 일을 하는지, 왜 이 책을 쓰려고 했는지 알겠는가? 사람들은 자기에게 조언하는 사람이 자신과 똑같은 일을 겪었다는 걸 알기 전에는 좀처럼 마음을 열지 않는다. 우리는 늘 주변 사람들에게서 이런저런 조언을 듣는다. 모든 사람이 우리 인생을 두고 한마디씩 훈수를 건넨다.

하지만 그렇게 조언하는 사람들 중에 우리가 지금 치르는 전투를 경험한 이는 몇 명이나 될까? 십중팔구는 같은 경험이 없을 것이다. 도움이 필요한 누군가에게 진심으로 조언하고 싶었던 적이 있는가? 하지만 당신이 어떤 삶을 살았는지 알려주기 전에는 당신 역시 얄팍한 조언을 들려주는 뻔한 부류로 취급받을 뿐이다. 상대는 자신이 겪는 어려움을 당신이 모른다고 생각하기 때문이다. 상대를 진심으로 도와주고 싶다는 마음이 들었다면, 아마 당신은 그 사람이 겪는 어려움을 직접 경험했을 것이다. 당신은 그 일을 겪고 이겨냈다. 그렇기에 상대가 지금 겪는 일을 '정확히' 안다. 하지만 먼저 당신의 이야기를 들려주고 당신이 어떤 사람인지 알리지 않는다면 상대는 마음을 열지 않을 것이다.

침대 부수기

자기 이야기부터 들려주는 게 중요한 이유다. 사람들은 나나 오프라 윈프리, 스티브 잡스가 경험한 것과는 또 다른 이야기를 들으며 당신의 말에 공감할 것이다. 치열한 전투를 치르고 승리했는가? 그렇다면 당신의 인생 목표는 당신이 빠져나온 전장에서 아직 벗어나지 못한 사람들을 돕는 것이다. 좋은 의도로 이야기하는 한, 개인의 경험을 나누는 건 지극히 이타적인 일이다. 사실은 자기 경험을 나누지 않는 것이야말로 이기적인 짓이다. 당신이 어떤 경험을 했는지 알리면 그 말에 귀를 기울이며 도움을 받을 사람도 있을 것이다. 그런데 당신이 자기 이야기를 알리지 않는다면 그 기회를 없애버리는 셈이다.

물론 개인의 경험을 남에게 알리는 게 쉽지만은 않다. 하지만 어렵지 않으면 목표로서 가치가 없다.

#5
전략 다섯

어렵지 않다면
가치가 없다

원대한 목표를 향한 길에 오를 때 그 여정이 쉬울 거라고 예상하는 사람은 아무도 없다. 하지만 힘들 거라고 예상하더라도 결국에는 그보다도 훨씬 힘든 현실과 마주하게 된다. 성공한 사람 중에는 그토록 힘들 줄 알았다면 처음부터 시작하지도 않았으리라고 말하는 이도 많다.

당신이 품은 원대한 목표도 이루기가 쉽지 않을 것이다. 예상보다 훨씬 더 어려울 것이다. 그러니까 그 여정이 당연히 어려울 거라고 각오하자. 어렵지 않으면 목표로서 가치가 없다는 사실을 잊지 말자.

침대 부수기

이 책을 쓴 게 좋은 예다. 나는 8주 안에 이 책을 완성하겠다고 키이라와 구독자들에게 약속했다. 지금 나는 6일 안에 초고를 완성하는 걸 목표로 삼고 있다. 특히 오늘은 니나에게 일어난 일 때문에 정말로 힘들었다. 하지만 어렵지 않으면 목표로서 가치가 없다.

당신은 인생에서 나쁜 일이 닥칠 때 어떻게 대처하는가? 함께 일하는 사람들 모두가 포기할 때 당신은 어떻게 행동하는가? 사람들이 그만하면 충분하다고 할 때 당신은 포기하는가, 아니면 계속하는가? 이때 내리는 결정이 가장 중요하다. 정답은 그럼에도 계속해야 한다는 것이다.

플로리다에서 열린 행사에 참석했을 때 다른 무대에서 강연한 두 청년이 나를 찾아와 저녁 식사를 함께하며 유튜브 채널 운영에 관한 조언을 구했다. 두 사람은 노트북을 꺼냈고 나는 한 시간 동안 그들에게 다음에 할 일과 전략을 제안했다.

그리고 그중 한 청년에게 '2퍼센트 차이 원칙'에 따라 몇몇 썸네일을 그날 밤에 즉시 고치겠다는 다짐을 받았다. 우리는 빡빡한 일정을 보냈고 이튿날 아침 비행기로 이동할 예정이었다. 하지만 그 청년은 그날 바로 작업하겠다고 약속했다. 비행기를 타기 전에 두 청년을 다시 만나게 될지 확신할 수 없었기에 거기서 작별 인사를 나눴다.

우리 부부는 다음 날 아침 호텔 로비에서 구독자들과 만나는 일정이 있었다. 내가 여행할 때 가장 좋아하는 일 중 하나가 바로 그 도시에서 하루 더 머물며 내 콘텐츠를 좋아하는 현지 구독자들과 만나는 것이다. 나는 도시 구경보다 팬들과 만나는 걸 훨씬 더 좋아한다.

하루 더 머물며 구독자들을 맞이하다가 전날 밤에 만난 두 청년과 우연히 마주쳤다. 나는 그들을 안아주고 썸네일 작업은 어떻게 됐는지 물었다.

"음, 그 작업은 못 했어요." 그가 수줍게 말했다. "네? 왜요?" 내가 물었다. "왜냐면 여기 제 동업자가 어제 힘든 하루를 보냈으니 쉬는 게 좋겠다고 한 데다, 오늘 당신을 만나거나 당신이 이 일을 기억하리라고는 생각지 못했거든요." 그가 대답했다. 나는 그에게 이렇게 충고했다. "동업자를 따라서 당신 기준까지 낮추지는 마세요."

뜨끔했을 것이다. 이 말은 비수처럼 두 사람의 폐부를 찔렀다. 어렵지 않다면 목표로서 가치가 없다. 내가 알기로 야심만만한 기업인이었던 두 청년은 집으로 돌아가는 비행기에서 썸네일 작업을 했다. 비행기에서는 인터넷에 접속할 수 없으니 작업한 내용을 영상에 담았고, 시간을 알아볼 수 있

침대 부수기

게 촬영했다. 그들은 비행기에서 내리자마자 내게 영상을 보냈다. 그들은 '2퍼센트 차이 원칙'을 실천하고 새로운 실행력을 얻었다!

당신이 품은 목표가 충분히 가치 있다면 이루기는 쉽지 않을 것이다. 당연히 힘들 거라고 각오해야 한다. 상상 이상으로 힘들 것이다. 상황이 힘들어질수록 각오를 단단히 다져야 한다. 어렵지 않으면 가치가 없다.

한번 마음먹은 목표는 어떻게든 완주해야 하는가?

대개는 그렇다. 마음먹은 일을 실행하기가 힘들어지더라도 멈추지 않고 계속 나아가는 게 정답일 때가 99퍼센트다. 1퍼센트 정도만 예외에 해당한다. 그 차이를 어떻게 알 수 있을까? 이미 얘기했듯이 멈추는 이유에 부끄러움이 없을 때다.

나는 오늘 니나에게 일어난 일로 정신이 없었다. 글쓰기를 이어가게 될 줄은 생각도 못 했다. 어제까지만 해도 오늘은 책을 계속 써야겠다고 생각했다. 하지만 오늘 아침 이후로는 니나에게만 주의를 집중했다. 만약 오늘 초음파 검사를 받거나 전문의를 만나서 한시라도 빨리 조치할 수 있다면 그 일에 시간을 쓸 생각이다. 책은 나중에 써도 그만이다. 이게 바로 약속을 미뤄도 되는 1퍼센트 예외에 해당한다. 이런 이유라면 글쓰기를 실행하지 못할지라도 떳떳하다. 주중에 하루도 빠짐없이 글을 쓰는 일보다 니나의 건강이 더 중요하기 때문이다.

하지만 결국 오늘 글쓰기 일정을 내일로 미루지는 않았다. 정신없이 바쁘고 스트레스가 많은 날이었지만 오후 6시쯤 되자 글을 쓸 여유가 생겼다. 물론 오전 같은 상황이 이어졌다면 글을 쓰는 일은 절대 없었을 것이다. 그땐 모든 순간이 니나를 위한 시간이었다. 오후 6시가 넘은 지금은 글쓰기가 얼마나 중요한 목표인지 생각해볼 때가 됐다.

이 시간에는 휴식을 취하거나 비디오 게임을 하거나 영화를 보거나 다른 일도 할 수 있다. 오늘처럼 바쁘게 하루를 보냈다면 휴식을 취할 '자격'이 있다. 게다가 오늘은 토요일이 잖은가! 즐거움을 추구하는 날이 돼야 마땅하다. 하지만 오늘은 재미와 거리가 먼 날이었다.

하지만 나는 어렵지 않으면 목표로서 가치가 없다는 사실을 떠올렸다. 지금 니나 옆에는 내가 없어도 된다. 그 외에 이런저런 이유를 들먹이는 건 글쓰기를 피하려는 핑계일 뿐

침대 부수기

이다. 그러니 나 자신에게 부끄럽지 않으려면 계획대로 글을 써야 한다.

힘들다는 이유로 일정을 건너뛰면 다음번에 또 어려운 일을 만날 때마다 스스로의 역량에 의구심이 생기고 자신감이 쪼그라든다. 살면서 어려움에 부딪치는 일은 이번 한 번만이 아니다. 어려운 목표를 추구하며 자신을 발전시키는 사람은 여러 역경과 마주하기 마련이다. 설령 어려운 목표를 추구하지 않더라도 인생에서 시련을 피할 수는 없다.

"그 일은 할 수 없어"라고 말하며 물러설 때마다 우리 내면의 소심한 자아가 점점 강해진다. 그러면 다음에 어려운 목표를 이룰 가능성은 점점 줄어든다.

반대로 어려운 일에 부딪치더라도 끝까지 해낸다면, 그만 포기하고 싶을 때 오히려 한 걸음 더 나아가 할 수 있다고 자기 자신에게 증명한다면, 그 순간 우리 안에 있는 승자의 정체성이 강해진다.

모든 핑계를 물리치고 일정대로 일을 완수하면 자신의 역량을 믿게 된다. 용기 있게 실행하는 자신의 모습을 봤기 때문이다. 일정대로 해내기 어려운 때가 다시 찾아와도, 그 일을 해낼 역량이 자기 안에 있다는 사실을 알기에 극복할 수 있다. 비슷한 어려움을 헤쳐간 경험이 쌓였기 때문이다. 우리는 할 수 있다. 우리는 어려운 목표를 향해 매일 전진한다.

우리가 알아둘 중요한 개념이 또 하나 있다. 그렇다면 언제 쉬어야 하는가?

#6
전략 여섯

쉬는 시간을
5분만 더 미뤄라

솔직히 오늘은 글을 쓰는 대신 쉬고 싶었다. 내 목표는 책을 내일까지 완성하는 거였고, 이제 여섯 번째와 일곱 번째 전략을 소개하고 몇 가지 수정을 거치면 작업이 끝난다. 쉬려고 마음을 먹었는데 '쉬는 시간을 5분만 더 미뤄라'라는 제목을 보니 생각이 달라지는 게 아닌가. '어떻게 지금 글쓰기를 멈출 수 있겠는가?' 그래서 다시 글을 쓴다.

이 전략은 머리로는 이해하기 쉬워도 감정적으로는 실행에 옮기기 어렵다. 내용은 아주 단순하다. 힘들어서 그만하고 싶을 때 조금 더 해야 한다. 멈추고 싶을 때 조금 더 나아가야 한다. 쉬고 싶을 때 '쉬는 시간'을 조금 더 미뤄야 한다.

더는 못 한다, 이제 쉬자 싶을 때 한 번 더 자신을 채찍질하는 습관을 들여야 한다. 고객에게 전화 한 통만 더 돌려보자. 팔굽혀펴기를 한 번만 더 해보자. 영상을 하나만 더 찍어보자. 한 페이지만 더 써보자. 어제 한 것보다 한 번만 더 해보자. 쉬고 싶을 때 딱 한 번만 더 해보자.

한계를 뛰어넘는 건 매우 어려운 일이다. 이럴 땐 인생코치와 커뮤니티가 도움이 된다. 인생코치와 커뮤니티는 쉬고 싶을 때 조금만 더 힘을 내라고 의지를 불어넣는다.

한계를 넘어서는 또 다른 방법은 쉬는 시간을 매일 조금씩 미루는 습관을 만드는 것이다. 기진맥진해서 기절하거나 몸이 상할 정도로 자신을 몰아붙여야 한다는 말이 아니다. 그만두고 싶을 정도로 힘든 순간에도 우리에겐 언제나 조금 더 나아갈 여력이 있다는 뜻이다.

미 해군 특수부대 네이비실 출신인 데이비드 고긴스**David Goggins**는 이를 '40퍼센트 법칙'이라고 부른다. 이 이론에 따르면 사람이 완전히 지쳤다고 느낄 때도 실제로는 가진 힘 중 40퍼센트밖에 쓰지 않았다고 한다. 우리 몸에는 아직 60퍼센트나 되는 힘이 있다. 그러니 하던 일을 계속하도록 마음을 다잡아야 한다.

이 계산이 정확히 맞는지 아닌지는 모르지만, 쉬는 시간을 조금 뒤로 옮기고 에너지를 더 써도 문제가 없다는 사실은 나도 안다.

한계를 조금씩 넘어서는 훈련은 자기애와 자신감을 키우고 자신이 바라는 새로운 정체성을 빚어내는 길이다. 우리는 이 과정을 거쳐 "한 번 더"를 외치는 사람이 된다. 이제 그만하라는 머릿속 명령을 거부하고 다시 고삐를 조이도록 마음가짐을 훈련해야 한다.

나는 이번 장을 시작할 때부터 글을 그만 쓰고 싶었다. 쉬고 싶었다. 하지만 쉬는 시간을 미루기로 마음을 다잡고, 지금은 다시 몰입해서 글을 쓰고 있다. 불과 몇 분 전까지만 해도 생각의 흐름이 막혀서 쉬고 싶었지만 이제는 단어가 마구 쏟아져 나온다.

당신이 우러러보는 영웅과 당신의 차이는 돈이나 인맥, 지능에 있지 않다. 그 사람들도 처음부터 돈이나 인맥이 엄청나게 많거나 당신보다 훨씬 똑똑한 건 아니었다. 현재의 '나'와 미래에 되고 싶은 '나' 사이의 차이점을 만들어내는 건 오늘 쉬는 시간을 5분만 미루고 조금 더 해보려는 의지다.

결국은 알게 되겠지만 지금까지 한 일은 몸풀기에 지나지 않기 때문이다.

"지금까지는 몸풀기에 불과해!"

지금까지는 몸풀기에 불과하다는 건 어느 동기부여 연설가가 한 말이다. 그는 운동하다가 쉬고 싶을 때, 몸이 부들부들 떨려 간신히 버티고 있을 때 이렇게 말하라고 했다. "지금까지는 몸풀기에 불과해!" 이제 겨우 시작했을 뿐이고, 우리에겐 앞으로 나아갈 힘이 '엄청나게 많이' 남아 있다.

그때는 이 말이 터무니없는 소리라고 생각했다. 하지만 시도할 가치는 있지 않을까? 시도하지도 않고 판단할 수는 없는 노릇이다. 그래서 이튿날 헬스장에 가서 자전거를 타고 루틴을 실행했다. 마지막 순간에는 기진맥진했다. 나는 온 힘을 쏟았고 몸에서 비 오듯 땀이 흘렀다. 열심히 운동한 자신이 자랑스러웠다. 그 순간 문득 그 연설가의 말이 떠올랐다. '지금까지는 몸풀기에 불과해.'

과장이 아니라 '정말로' 지쳤다. 이미 상당한 운동을 했다. 여기서 그만해도 되지 않을까? 지금은 너무 힘들다. 잠깐! '힘들다'라는 말을 떠올리고 말았다. 이 말은 내게 있어 더 '크게' 생각하라는 전진 신호다. 그렇다면 무조건 더 해야만 한다. 나는 주문처럼 중얼거렸다. '지금까지는 몸풀기에 불과해. 지금까지는 몸풀기에 불과해. 지금까지는 몸풀기에 불과

침대 부수기

해!' 그리고 놀랍게도 최대 운동 강도로 5분 더 버텼다. 터무니없는 일이었다. 이 주문은 정말로 효과가 있었다!

힘든 상황을 마주할 때, 실제로는 최선의 상황이 아니더라도 "잘된 일이야!"라고 말하는 전략을 앞에서 소개했다. 이는 짜증 나는 상황이라도 긍정적으로 생각하며 자원과 에너지를 끌어모으려는 시도다. 쉬고 싶을 때 "지금까지는 몸풀기에 불과해!"라고 말하는 전략 역시 실제로 그렇다고 머리를 속이려는 게 아니라, 쉬는 시간을 조금 미루고 작업을 이어 갈 에너지를 끌어모으려는 선언이다.

여기서 소개하는 전략이 어리석게 들릴지 모르지만, 이번 장은 성취욕이 높은 사람들을 위한 내용이다. 이런 사람들은 남들이 시도할 생각도 않는 심화 전략을 원한다. 남들이 이런 전략을 비판하며 불가능하다고 할 때, 성취욕이 높은 사람들은 그 전략에 효과가 있음을 입증한다. 그 과정에서 한계를 뛰어넘고 자신의 기록을 깬다.

"지금까지는 몸풀기에 불과해!"라는 선언은 어떤 일을 하다가 쉬고 싶은 모든 상황에 적용할 수 있다. 책 쓰는 일을 여기서 멈추고 다음 날 다시 시작하고 싶었지만 "지금까지는 몸풀기에 불과해!"라고 말하는 순간 글을 더 쓸 여력이 생겼다. 그러자 다음 장을 쓴 뒤에도 멈출 수가 없었다. 이런 실행력이라면 오늘 밤에 이 책을 마무리할지도 모른다!

자신을 조금 더 몰아붙이는 선언으로 생긴 실행력은 우리가 상상하지도 못한 성과로 이어지기도 한다. 주변에 기준이 낮은 사람들만 있어서 당신에게 더 열심히 하라고 말해주지도 않고, 우리도 마음만으로는 자신을 채찍질하지 못할 때가 있다. 이럴 때 이런 전략이 필요하다. 자극이 되는 전진 신호가 필요하다.

"지금까지는 몸풀기에 불과해!"라는 말은 내가 아는 한 가장 효과가 뛰어난 도구다. 더는 머리가 내리는 명령과 타협할 필요가 없다. 그저 "지금까지는 몸풀기에 불과해!"라고 선언하면 된다. 그다음 쉬는 시간을 조금 미루고 하던 작업을 한 번 더 하면 된다. 우리는 할 수 있다!

마지막으로 공유하고 싶은 심화 전략이 하나 더 있다. 이 전략에는 모든 것을 바꿀 힘이 있다.

침대 부수기

#7
전략 일곱

문제도 해답도
당신이다

인내심과 조바심은 모두 중요한 감정이다. 하지만 사람들 대다수는 이 두 감정을 느끼는 대상에 문제가 있다.

사람들은 눈에 보이는 결과에 조바심을 느끼고 자기 자신에겐 관대하게 인내심을 발휘한다. 생각해보자. 우리는 원하는 목표에 도달하지 못할 때 조바심을 낸다. '여태 목표를 이루지 못했어.', '은행 계좌에 아직도 돈이 들어오지 않았어.', '체중이 목표만큼 줄지 않았어.' 이럴 때 우리는 몹시 불만스럽고, 현재 상황에 조바심을 느낀다.

하지만 자기 자신에겐 인내심을 발휘한다. 사람들은 대체로 일이 잘못되면 내면을 성찰하는 대신 외부 요인을 탓한다. '내가 더 앞서나가지 못하는 건 내 잘못이 아니라 정부 정책 탓이야.', '고객이 게으르고 동료가 일을 제대로 하지 않아서 아직 계약을 맺지 못했어.', '크리스마스나 여름 휴가철이라서 아직 살을 빼지 못했어.' 항상 탓할 대상을 찾는다. 그 상황만 바뀌면, 상황이 좋아지기만 하면 성공할 수 있으리라고 생각한다! 하지만 실제로는 그렇지 않다. 세상은 그런 식으로 돌아가지 않는다.

문제의 정답은 인내심과 조바심을 느끼는 대상을 서로 바꾸는 것이다. 결과에는 인내심을 발휘하고 자기 자신에겐 조바심을 내야 한다.

성과가 나오지 않으면 탓할 사람을 찾는 게 아니라 자신이 뭘 더 잘해야 하는지 물어야 한다. 설령 다른 사람이 잘못한 게 '확실'하고, 당신의 판단이 100퍼센트 '옳다' 한들 어쩔 것인가? 다른 사람에게 책임을 돌리면 기분은 나아지겠지만 상황은 바뀌지 않는다. 당신이 처한 상황을 바꿀 수 있는 건 이런 순간에 기울이는 노력뿐이다. 그러니까 자기 자신에게 인내심을 발휘하며 외부 환경이 바뀌기만을 기다려선 안 된다!

만일 우리 팀원이 갑자기 아프거나, 자료를 잃어버리거나, 깜빡하고 영상을 올리지 않는다면 그건 결국 내 책임이다.

내가 고용한 사람들인데 제대로 관리하지 못한 것이다. 그러니 내가 개입해서 문제를 해결해야 한다. 나는 비난보다 책임이라는 말을 좋아한다. 책임이란 대처하는 능력을 가리킨다. 문제가 생겼는가? 당신에겐 대처할 능력이 있다. 당신 잘못이 아닐 수도 있다. 당신 책임이 아닐 수도 있다. 그렇지만 당신이 대처할 수 있는 일이다.

상황에 맞게 대처한 후 참을성 있게 결과를 기다리자. 위대한 일은 빨리 이뤄지지 않는 법이다. 당신이 품은 목표에 가치가 있다면 끊임없이 배우고 역량을 키우며 성장하고 발전해야 한다. 그런 일은 하루아침에 일어나지 않는다. 장담컨대 자신에게 조바심을 느끼며 꾸준히 몰아붙인다면 역량이 늘어나고 결국에는 좋은 성과가 나올 것이다.

인내심과 조바심을 느끼는 방향을 서로 바꿔야 한다. 사람들 대다수와 정반대 방식으로 두 감정을 다룬다면 세상을 바꾸겠다는 당신의 목표를 향해 혜성 같은 실행력으로 나아가게 될 것이다!

실행형 인간을 위한 7가지 전략

#1 **전략 하나**
약점을 오히려 가까이 두고 극복하라

#2 **전략 둘**
쓸모없는 10년 목표를 버려라

#3 **전략 셋**
"잘된 일이야!"라는 주문을 기억하라

#4 **전략 넷**
누구보다 유명해지려고 애써라

#5 **전략 다섯**
언제나 어려운 목표를 따라가라

#6 **전략 여섯**
쉬는 시간을 5분만 더 미뤄라

#7 **전략 일곱**
인내심과 조바심의 대상을 바꿔라

침대 부수기

2022년 6월 4일 업데이트
글쓰기 시간: 오후 6:00~오후 8:45

이럴 수가. 내가 해냈다! 책 한 권을 다 썼다. 5일 전만 해도 책을 쓸 생각이 전혀 없었다. 사람들이 책을 쓸 건지 물었지만 그럴 여건이 안 됐다. 그런데 이렇게 책 한 권을 완성했다. 오늘 밤 글쓰기 시간에 7,455단어를 썼고, 전체 분량은 40,483단어에 이른다.

첫째 날에는 아무 계획도 없었다. 뭘 해야 할지 몰라서 우선 생각나는 대로 썼다. 첫째 날이 끝날 즈음 니나와 산책하면서 책을 어떻게 구성할지 간략한 얼개를 짰다. 이후 3일 동안 글을 쓰면서 마지막 5분가량은 다음 날 뭘 할지 계획을 세웠다. 이렇게 5일 만에 책을 다 쓰자 키이라가 또 다른 도전

과제를 보냈다. 첫 과제는 이 책을 8주 안에 쓰라는 거였다. 5일 만에 책을 다 썼더니 이번에는 8주 안에 출판하라고 한다. 터무니없는 생각이다!

이제 나는 아침 루틴에 따라 아내와 함께 #빌리브 워크를 하려 한다. 햇볕을 쬐고 신선한 공기를 마시며 오늘 할 일을 간단히 검토할 것이다. 우선 이 책의 초고를 검수해야 한다. 초고를 읽어줄 독자들도 구해야 한다. 출판 계약을 맺어야 하고, 표지 디자인과 책에 들어갈 그래픽 작업도 하고, 보너스 페이지도 써야 한다. 나는 그동안 계획보다 '실행'에 힘썼다. 하지만 책을 출판하려면 적어도 며칠 동안은 앞으로 7주를 어떻게 보낼지 계획을 세우는 데 시간을 투자해야 한다. 계획이 완벽할 필요는 없지만, 처음 시작할 때보다는 프로젝트의 윤곽을 더욱 분명히 그릴 수 있게 됐다. 출판 과정 중에는 다른 사람들의 도움을 많이 받을 테니 이를 고려해 세부 계획을 세우고 8주 안에 책을 선보이겠다!

어쨌든 5일 만에 40,483단어를 썼고 책 한 권을 완성했다! 물론 아직 마무리한 건 아니다. 책에 몇 가지 보너스를 포함하고(공짜 보너스를 싫어하는 사람이 있겠는가!), 초고를 몇몇 독자에게 보여준 뒤 피드백을 받을 생각이다. 나도 원고를 검토하고 일부 내용을 고쳐야 한다. 그림을 추가하고, 제목을 짓고,

표지 작업을 하고, 서점에도 올려야 한다. 여전히 할 일이 많지만 가장 힘든 부분인 글쓰기가 끝났다! 이전에 내가 출판한 책들은 원고를 다 쓰기까지 수개월에서 1년이나 걸렸다. 하지만 이 책은 단 5일 만에 끝냈다. 엄청난 실행력이다!

독자들이 이 책을 읽고 영감을 받아 자신의 아이디어를 실행에 옮기고, 여기서 배운 전략들을 잘 쓰길 바랄 뿐이다. 당신은 사람들을 도우며 유익한 일을 하고 싶다는 훌륭한 목표를 품고 있지 않은가. 그 목표는 얼마든지 이룰 수 있다. 당신 안에도 마이클 조던 같은 천재성이 잠들어 있다. 당신에게 부족한 건 실행력뿐이다. 이제 그 실행력을 얻었다. 나는 당신이 앞으로 만들어낼 놀라운 결과물을 어서 빨리 보고 싶다!

혹시 이 책을 완성하기까지 글쓰기 시간을 어떻게 할애했는지 궁금한 사람을 위해 여기에 요약한다.

내가 이 책을 써낸 과정을 인스타그램에 올리자 뛰어난 기업인인 라이언 블레어Ryan Blair가 자료를 분석하더니 내가 분당 39단어를 썼다고 했다.

글쓰기 시간

- 5월 31일 오후 3:00~오후 5:30: 5,634단어
- 6월 1일 오후 3:00~오후 5:30: 6,349단어
- 6월 2일 오후 3:00~오후 5:00: 4,561단어
- 6월 3일 오전 11:00~오후 1:50, 오후 2:20~오후 5:30: 12,413단어
- 6월 4일 오전 1:45~오전 3:30: 4,071단어
- 6월 4일 오후 6:00~오후 8:45: 7,455단어
- 총계: 40,483단어

👤 **라이언 블레어** 1분당 39단어라니!

👤 **에번 카마이클** 정말요? 굉장하네요. 완전히 몰입해서 썼군요. :)

👤 **라이언 블레어** 맞아요. 이건 확실한 몰입 상태에서 글을 쓴 거예요!

침대 부수기

성찰하는 시간

책은 거의 끝났다. 잠시 멈추고 마지막 장에서 읽은 내용을 돌아보는 시간을 갖자. 뭘 배웠는지, 새로 배운 것들을 어떻게 활용해서 실행력을 끌어올릴지 생각해보자. 책 여백에 자기 생각을 적고 영감을 받은 행동을 실행에 옮기자. 당신에게 부족한 건 실행력뿐이다!

실행력 워크북

인생은 이토록 짧기에

마지막으로 니나가 어떻게 지내는지 알려주겠다! 기억하겠지만, 이 책을 쓰는 중에 니나와 포옹하다가 가슴에 멍울이 있다는 걸 알게 됐다. 우리 부부는 가슴이 철렁 내려앉았다. 우리는 병원을 찾아가고, 의사 친구들에게 전화를 걸고, 증상을 검색하고, 진료를 예약하느라 온종일 분주했다. 마지막으로 의사에게서 마법 같은 말을 들었다. "심각하지 않을 가능성이 99퍼센트입니다." 우리는 그 말을 듣고서야 가슴을 쓸어내렸다.

그 후에 어떻게 됐을까? 다음 단계로 초음파 검사를 받았다. 평점이 높은 병원을 찾아서 예약하고 니나와 함께 찾아갔다. 다음 날 의사는 초음파 검사만으로는 뭐라고 단정 짓기가 "애매하다"라고 했다.

우리가 기대한 답변이 아니었다. 확실히 멍울이 있었지만 초음파로는 그게 뭔지 알 수 없었다. 자세한 정보를 얻으려면 MRI를 찍어야 했다. 몇 달 후로 예약을 잡았는데 그사이에 마법 같은 일이 일어났다. 멍울이 줄어들기 시작했다.

멍울은 날마다 조금씩 줄어들었다. 눈에 띄지 않고, 통증도 덜하고, 두려움이 줄어들면서 스트레스도 없어졌다. 이 글을 쓰는 시점에는 멍울을 발견한 지 18일이 지났고, 멍울은 이제 완전히 사라졌다.

의사에게 이 사실을 알렸더니 "악성이라면 쉽게 사라지지 않아요"라고 했다. 저절로 사라진다면 심각한 문제가 아니라는 뜻이니 기분 좋은 소식이다.

니나가 괜찮은지 확실하게 해두려고 MRI 촬영 예약은 그대로 됐다. 멍울이 생긴 원인이 뭔지, 재발할지 어떨지는 알 수 없다. 하지만 이번 일을 계기로 우리가 무엇에 감사해야 하는지, 인생에서 무엇이 소중한지, 날마다 어떻게 살아갈지 돌아보게 됐다.

이 여정을 끝까지 응원해주신 분들, 이 책이 이렇게 빨리 나오도록 도와주신 분들께 감사드린다. 이들의 도움이 없었다면 이 책은 세상에 나오지 못했을 것이다.

마지막으로 독자 여러분께 전하고픈 메시지가 있다. 여러

분이 품은 아이디어를 실행하는 데 지금까지 써낸 이야기 외에 한마디 신호가 더 필요하다면, 이 말은 어떨까? "인생은 짧다!" 사랑하는 사람들과 의미 있는 일을 하며 인생을 보내시라. 당신에게 부족한 건 실행력뿐이다.

사랑을 담아 감사를 전한다.

에번 카마이클

#빌리브.

침대 부수기

옮긴이 이주만

서강대학교 대학원 영어영문과를 졸업했으며, 현재 번역가들의 모임인 (주)바른번역의 회원으로 활동 중이다. 옮긴 책으로는 《끌림》, 《괴짜들의 비밀》, 《탈출하라》, 《다시, 그리스 신화 읽는 밤》, 《처음으로 기독교인이라 불렸던 사람들》, 《심플이 살린다》, 《회색 코뿔소가 온다》, 《사장의 질문》, 《다시 집으로》, 《경제학은 어떻게 내 삶을 움직이는가》, 《나는 즐라탄이다》, 《모방의 경제학》, 《법은 왜 부조리한가》, 《케인스를 위한 변명》 등이 있다.

침대 부수기

초판 1쇄 인쇄 2025년 1월 10일
초판 1쇄 발행 2025년 1월 15일

지은이 에번 카마이클
옮긴이 이주만

발행인 유영준
편집팀 한주희, 권민지, 임찬규
마케팅 이운섭
디자인 유어텍스트
인쇄 두성P&L
발행처 와이즈맵
출판신고 제2017-000130호.(2017년 1월 11일)

주소 서울시 강남구 봉은사로16길 14, 나우빌딩 4층 쉐어원오피스(우편번호 06124)
전화 (02)554-2948
팩스 (02)554-2949
홈페이지 www.wisemap.co.kr

ISBN 979-11-89328-86-3 (03190)